子どもが発達障害といわれたら

幼児期から大人になるまでのQ&A 70

中田洋二郎 監修
猿渡知子
楯 雅博 編

中央法規

はじめに

この本は、子どもの成長を支え、共に生きるために、「これだけは理解しておきたい」と思うことを、Q＆Aの形式でまとめたものです。

「第1章 発達障害の基礎知識」では、障害の発見や診断など、発達障害に関する基本的な事柄についてまとめています。単に障害名とその説明ではなく、発達とはなにか、障害と社会との関係について、支援を行い、あるいは支援を利用するうえで基本的に理解しておきたいことをわかりやすく解説しました。

「第2章 その子なりの独り立ちにいたるために」では、幼児期から成人期に生じる支援の課題とその対応について書かれています。対応のノウハウを伝えるものだけではなく、問題がそれぞれの時期にどうして起きるのか、問題の背景にある子どもたちの成長の姿が理解できるように整理しました。なお、Q＆Aでまとめきれない療育や福祉や支援の具体的な情報はコラムとして掲載しています。

一概に発達障害といっても、子どもたちの様子はさまざまです。また、障害があっても、子どもたちは一人ひとり個性をもって成長しています。だから、その子らしさを損なわないような支援のあり方を伝えたいと思い、私たちはこの本を作りました。

保護者が子どもの障害を知る状況や時期は異なります。初めて障害を知った方が、発達支援の第一歩を踏み出し歩みつづけるために、この本が役立つことを願っています。

執筆者一同

目次

就学まで

第2章

その子なりの独り立ちにいたるために

学齢期

学齢後

第1章

発達障害の基礎知識

基本

Q1

発達の障害ってなんですか？

子どもの成長には①同じような月齢・年齢で同じような育ちがある（時期の共通性）、②その育ちの順序がある程度決まっている（順序性）、③いくつかの育ちが1つの目的をもった行動として集約される（行動の分化と統合）、という3つの特徴があります。たとえば、子どもが1歳前後になると、遠くの興味のあるものを人差し指を伸ばして指し示し、大きな声で母親に知らせる「指さし」が出現しますが、これも、指の機能、ものへの関心、人への関心という育ちが順をおって発達し、ある時期にコミュニケーションの手段として統合されたことを示しています。この「時期の共通性」「順序性」「行動の分化と統合」という3つの性質が何らかの理由により乱れるとき、発達の障害が疑われることになります。

しかし、たとえ発達の遅れや乱れがあったとしても、それだけでは発達に障害がある、とはいえません。なぜならそういう状態であっても、子どもは一人ひとり成長のしかたが異なるため、その遅れや乱れを単にその人の発達の特徴として考えるほうが適切な場合もたくさんあるからです。

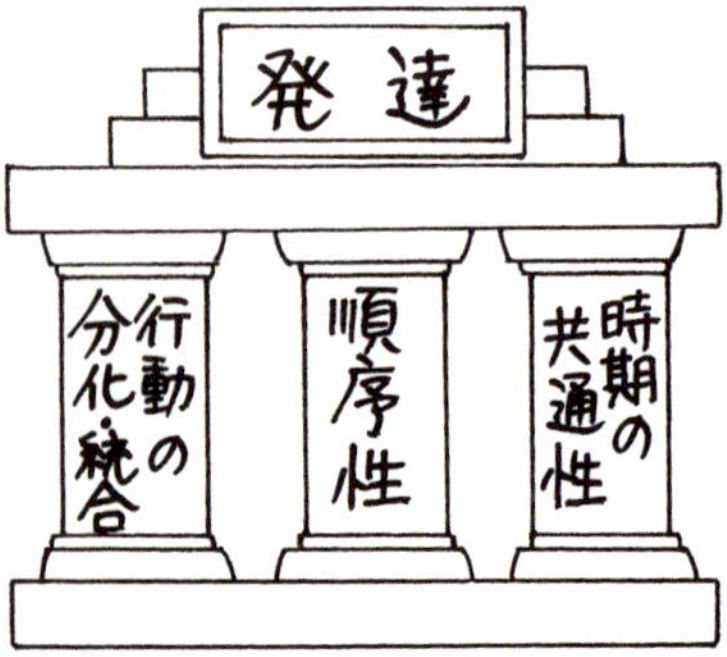

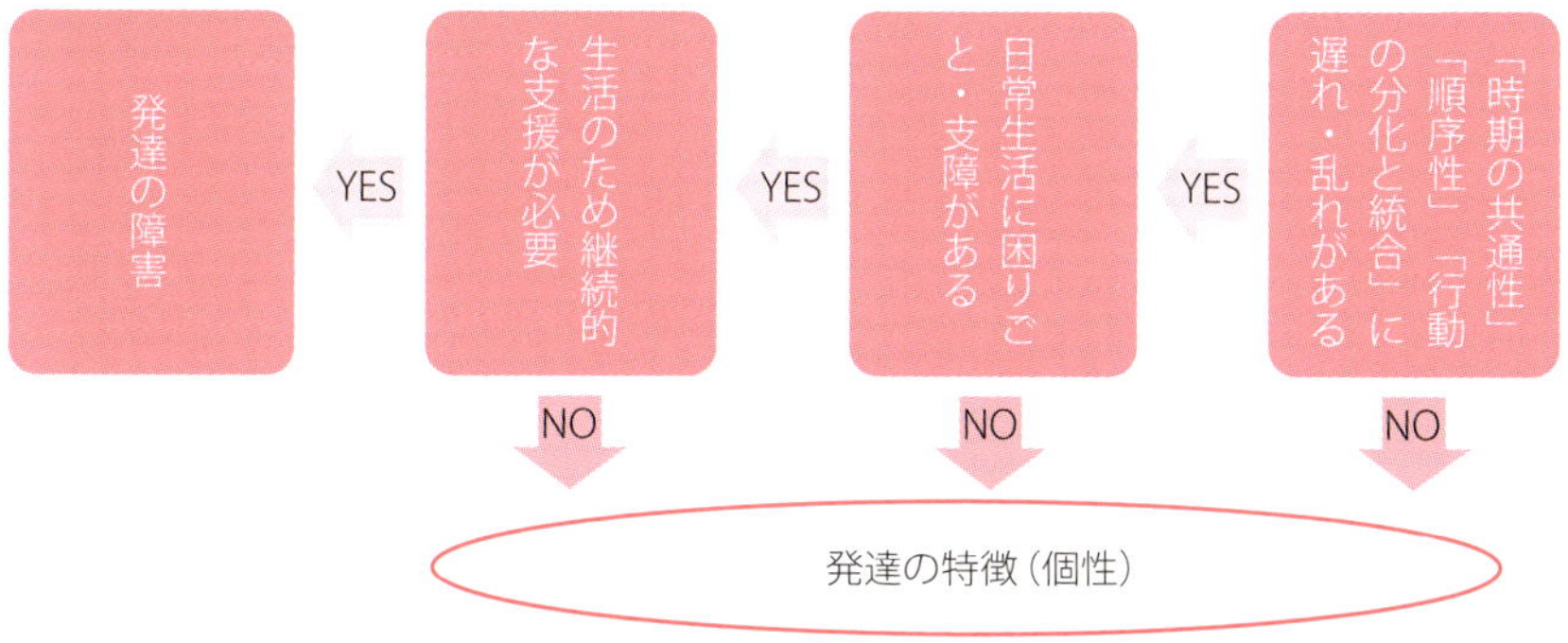

図１　発達の特徴と障害

発達の特徴が障害になるかどうかの分かれめは、それが生活に支障をきたすかどうか、というところです。つまり、子どもの発達の特徴が生活上に困難をもたらし、継続的な支援が必要になってはじめて、それは発達の特徴ではなく障害であるといえます。

たとえば聴覚が並外れて敏感という発達の特徴は、それ自体ではもちろん障害とはなりません。しかし、運動会の行進曲や応援歌など何か特定の音に対してその子が暴れたり逃げ出したりして、何らかの対応が必要になると、その発達の特徴は障害となります。

この例では、運動会への参加は難しいとか、その子の発達の特徴を問題としがちです。しかし、行進曲の音量を下げたり、応援の仕方を変える、不快な周波数をカットしてくれるイヤーマフをその子が着けるなど、発達の特徴が障害とならないような対策をとれば問題は解決します。

発達がおかしいから障害だと安易に考えるのではなく、それぞれの子どもの発達の特徴によって困難なことが起きていないかを見極め、発達の特徴が障害とならない方法を見つけるほうが大切です。その意味で障害とは子どもが支援を必要としていることを、私たちに知らせる信号のようなものなのです。

基本

Q2

発達障害の原因はなんですか？

発達障害とは大まかに「胎生期あるいは成長の早い時期に生じた脳の発育また脳の働きの発達の仕方の不具合」と定義することができます。しかしこの不具合が生じる原因の多くはまだわかっていません。

それでも少数ですが、染色体の異常とか、胎生期や周産期の環境要因、出産時の仮死やその他の脳の損傷など、脳の発育や機能に影響する要因から障害の原因がある程度推定できる場合があります。しかし、母親が妊娠中に喫煙したから子どもが発達障害になったとか、妊娠時にたまたま飲んだ薬のせいで発達障害になったとか、原因を短絡的に決めつけるのは間違っています。

また最近はヒトゲノムの解明が進み脳の機能にかかわる遺伝子が複数あり、それらが複雑に組み合わさって私たちの脳の働き方を決めていることがわかってきました。この組み合わせの微妙な違いが、個人間の能力の違いを作り、またそれぞれの発達の基礎になっています。

さらに、ある特定の遺伝子が特定の発達障害を起こすという単

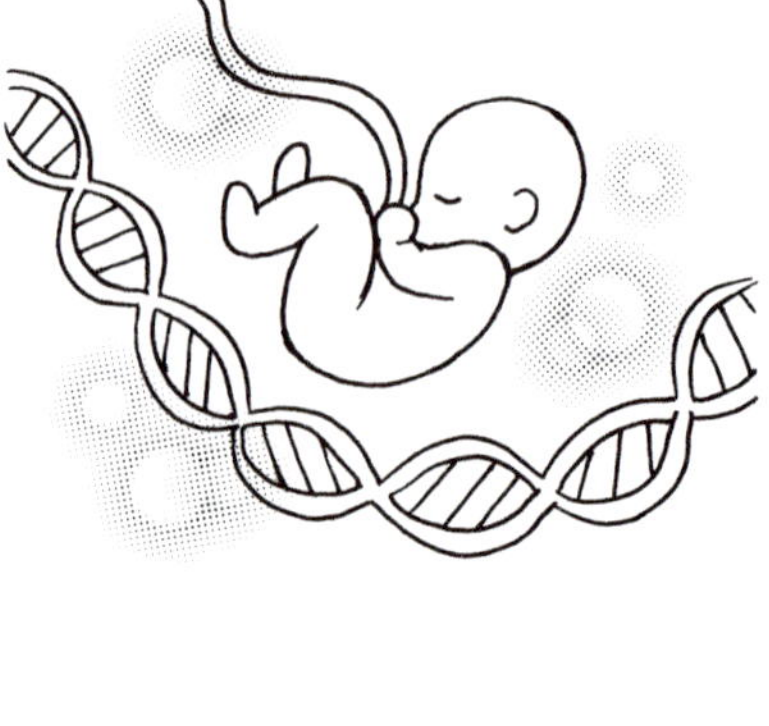

純なものではないことも明らかになりました。関連する遺伝子の特定の組み合わせ、あるいは関連する遺伝子が重積したとき、またそれらにほかの環境要因、たとえば前述した胎生期や周産期の要因が絡みあった場合など、複合的な状況で障害という状態が生まれるのではないかと考えられています。

障害と遺伝子の関係は複雑です。もし現代の社会で障害となる遺伝子の組み合わせであっても、人間の暮らし方が大きく変化したとき、それが新しい社会ではより適応的に働き、障害とならない可能性があるからです。

このような障害と環境の関係の中で注意したいことがあります。それは親を障害の原因とする考え方です。過去に自閉スペクトラム症（ＡＳＤ）の原因を親の冷淡な育て方とする説が広まりました。もちろんこれは誤りです。それは親子関係を表面的に評価し、子どもの発達の特徴とそれが親子のかかわりに与える影響を正確に把握していないために起きました。そのような過ちを避けるためには、それぞれの子どもの発達の様子を観察し、その特徴を理解することが大切です。

人の能力や性格、感性は少しずつ違います。たとえば絵の上手下手、音感やリズム感、記憶や推理力、注意や集中力、他者や自己の感情や状況を理解する力など、個人の違いをあげると限りなくあります。障害もその違いの１つであり、その人らしさとなる時がいずれやってくると思います。

基本

Q3

発達障害にはどんな種類があって、どんな特徴があるのですか？

発達障害には知的な発達が標準よりも遅れるタイプと遅れないタイプがあります。前者は診断名でいうと知的能力障害群（ＩＤ）で、後者は限局性学習症（ＳＬＤ）や注意欠如・多動症（ＡＤＨＤ）、知的能力障害を伴わない自閉スペクトラム症（ＡＳＤ）です。日本では知的能力障害以外を法的に「発達障害」と規定しているため、一般に発達障害というと後者を想定することが多いようです。またこのほかに協調や微細な運動が困難な運動症群（ＭＤ）があります。

発達障害のタイプや特徴を判断するうえで注意しなければならないことは、後述する特徴のいくつかは通常の発達においてもある程度認められることです。その程度が社会生活上支障になるか否かが、障害であるかどうかの境になるのですが、その判断はときにはとても難しいことがあります。単にそういう特徴にばかり注目すると、障害かもしれないという疑いや心配が強まってしまいます。まずは専門的な機関で相談し医療機関で診断してもらうことが大切です。

知的能力障害群（ＩＤ）

知的な発達の遅れが顕著な場合は運動発達の遅れとして現れます。ま

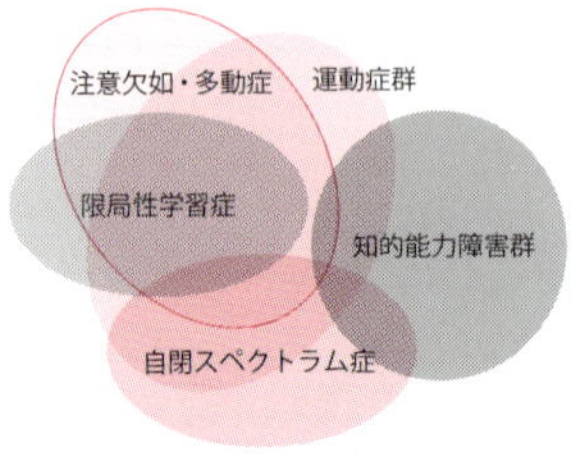

図２　DSM−5における主たる発達障害の種類

た、運動発達は遅れない一方で発語や言語理解の発達が遅れる場合もあります。それらの遅れが障害か単なる一時的なものかは、経過を見なければ判断できないときがあります。

限局性学習症（SLD）

学習するうえで必要な能力のうち特定の領域に限って障害がある状態です。全般的な学習能力の問題ではないので、「限局性」という言葉が附加されています。障害となる学習領域は、読字の障害、書字の障害、算数の障害などです。学習上の問題なので就学後に明らかになる例がほとんどです。

注意欠如・多動症（ADHD）

注意を集中することが苦手であったり、1つのことに適切に注意を向けることができなかったり、落ち着きがなかったり、活動するエネルギーが通常よりも過剰で、じっとしていられず動き回ったり、衝動性を抑えることが苦手な状態が主な症状です。これらの状態は幼い子どもにもみられます。それが年齢と比べて並外れて極端で、社会生活を困難にする場合に障害となります。

自閉スペクトラム症（ASD）

人への関心の発達の遅れ、感覚や知覚の過敏あるいは鈍感さ、身体の反復的な運動あるいは特定のものへの興味の偏りやこだわりなどを特徴とした障害です。診断名にある「スペクトラム」とは、このような特徴が顕著な状態から軽度な程度まで連続していることを意味しています。

基本

Q4 子どもの発達が気になったら、どうしたらいいのですか？

同じ年頃の子どもと比べて、うちの子はどこか違う、何か問題があるのではないか、そう思い始めるととても心配になり不安でいてもたってもいられなくなります。

そういうときにこそ「冷静になること」が必要です。心配で不安になっている人にとって、冷静になることはとても大変です。それでもあえて冷静さを大切にしたいのは、仮にその子に障害があるとしたら、そのことに気づいた人がどう行動するかによって、子どもの発達支援の進み具合が違ってしまうからです。

そもそも健常と障害にははっきりとした境界線はありません。つまり、それはどこまでが健常かどこからが障害かがあらかじめ決まってはいないということです。もし子どもに障害があると診断されたとしても、子どもが適応しやすいように環境を整え、子どもに合った方法で発達を伸ばしていくことで、子どもはよりよい方向へと成長していきます。

また、子どもの行動のすべてが障害なのではありません。発達の特徴は時と場合によって障害となったりならなかったりしま

す。大切なのは障害か否かという考え方ではなく、子どもの行動のうち、問題となる行動と、問題とならない行動、いやむしろちゃんと成長している行動を冷静に区分けしてみることです。そのうえで親が子どもの現在の発達の状況を支援者に客観的に伝えられると、支援の方向を決めるうえで役立ちます。

障害の可能性と向き合うことはつらいことです。しかしそのつらい入口を通らなければその先には進めません。それを乗り越え、受け入れることによって親も子どもの支援の方向をしっかりと見つめることができるのです。

親としての気持ちの整理ができたら、子どもの発達について相談できる機関を探しましょう。住んでいる地域には発達障害の健診や相談を行うさまざまな機関（第1章22ページ参照）があります。どこがうちの子に合っているのか迷うこともあるでしょう。そういう場合は、まず近くにある市町村の保健センターに連絡しましょう。そこでは発達障害だけでなく、子どもの健康や子育ての悩みなど幅広い相談ができ、発達障害の専門機関に比べ楽な気持ちで話しができます。また公的な発達支援の情報や、必要に応じて発達障害の専門機関を教えてくれます。

万が一発達の障害が疑われたとしても焦ることはありません。療育や教育、医療などさまざまな制度が、それぞれの子どもの状態と年齢に応じた支援を準備しています。その専門的な支援があなたと子どもを支えてくれることを信じ、また子どもの成長の力を信じて、現在できていることから次にできそうなことへと、一歩一歩しっかりと進んでいきましょう。

診断

Q5

障害はいつごろ、またどうすればわかるのですか？

障害が早くわかることは、障害への対応を早くから始められるという点で大切です。重い障害の場合は顕著な運動発達の遅れを伴い1歳前に障害が見つかります。しかし、軽度の知能の遅れやADHD、ASDでは1歳半以降に障害が見つかり、またSLDの場合は就学以降にその症状が明らかになる例が大半です。このように障害の程度や種類によって障害とわかる時期は異なります。

子育ての経験があれば親が発達の遅れや異常に気づくことがあります。しかし、第一子の親は、保育園や幼稚園の先生などにほかの子どもとの発達の違いを指摘され、それがきっかけで障害に気づくこともあります。また、わが国には1歳6か月児健診や3歳児健診があります。乳幼児健診の目的の1つは障害の発見です。そのため乳幼児健診で障害の可能性を指摘されることもあります。

発達の遅れや異常が発見されてもすぐに診断が確定する訳ではありません。診断が確定するためには、どのような障害なのか、どの程度の障害なのかを明らかにしなければなりません。そのために少なくとも、①生育歴の整理、②子どもの行動観察、③発達検査や知能検査、特定の障害に特化したチェックリストの実施、④家族構成や生育環境の聴取などが必要です。

このように情報を収集するのは単に障害か否かを判断するためだけでなく、その後の支援を考えるのに役立ちます。そのために、次のようなポイントで情報を整理するとよいでしょう。

❶母子手帳などこれまでの成長の様子がわかるものを用意しておく
❷現在の子どもの発達の様子で気になる出来事を記録しておく
❸その記録から子どもの発達の特徴と思えることを整理してみる
❹その特徴がこれまでの子育てや集団活動に支障となったことを整理してみる
❺前述の❸と❹から特別に気になること、心配なことはなにかを整理する

障害の発見から診断の確定までには複数の機関がかかわります。そして診断が確定するにはある程度の期間が必要です。この間、親としては忍耐と持続力が必要ですが、子どもの発達支援としてなにもできないわけではありません。診断が確定しなくても療育や児童発達支援など公的サービスを受けることができます。そのようなサービスを利用するには、乳幼児健診を行っている保健センターや市役所や区役所の福祉に関わる窓口に問い合わせましょう。発達支援を受けるために必要な情報を必ず教えてもらえます。

情報収集と検査を専門的に行う施設や機関

❶各市町村の保健センター（乳幼児健診の実施）
❷発達障害者支援センター（発達検査や聞き取り調査など）
❸小児精神神経科あるいは精神科クリニックまたそれらの診療科をもつ病院（確定した診断名の告知）

診断

Q6

障害はどういうふうに診断されるのですか？

発達障害は、過去においてはそれぞれの医師の経験やその医師が所属している医局や学会の考え方を基準にして診断されました。そのため医師や診療機関によって診断が異なることがありました。そこで現在は統一された診断基準が用いられています。

主な診断基準は2つあります。世界保健機関（WHO）が作成するICDと、米国の精神医学会（APA）が作成するDSMです。わが国では診療や研究ではDSMを用い、診療報酬など行政ではICDを使うことが多いようです。これらの診断基準の特徴は、個々の医師の経験による恣意的な判断ではなく、客観的な基準に従って操作的に診断を行うという点にあります。統一された障害名のもと、その障害を特徴づける症状が項目として明文化さ

2つの診断基準

❶ ICD
・WHOが作成する国際疾病分類
・精神障害のみならず身体疾患を含むすべての疾患を対象にした分類
・2018年に最新版（ICD-11）が公表

❷ DSM
・アメリカ精神医学会が作成する疾病分類
・精神障害のみを対象にした分類
・現行版は2013年に公表されたDSM-5

れ、該当する項目の数によって障害か否かが判断されます。診断の手順が機械的に定められていることで、診断の客観性と共通性が高まります。

しかしこのような診断方法でも、発達障害の診断が不正確になることがあります。それは発達障害の診断が原因による診断ではなく症状による診断だからです。たとえば風邪とインフルエンザは、どちらも発熱や頭痛という症状を伴います。しかし前者は原因が不明で症状によって診断され、後者は原因となるウィルスの検査によって診断されます。

発達障害の場合、インフルエンザのように原因を特定できる検査がありません。そのため保護者やそのほかの養育者が子どもの状態をどのように把握し、それを医師にどのように伝えるかによって診断結果が変わる可能性があります。正確な診断のためには、子どもと日常接する人々が問題となる状態を正確に医師に伝えることが大切になります。

また子どもの成長とともに診断が変化することがあります。たとえば2歳のときにＡＤＨＤと診断された子どもが3歳になって幼稚園に入園しＡＳＤと診断されるような例です。診断が変わったからといって、その子どもの発達の特徴が変わったわけではありません。家庭での生活では多動が主な訴えだったのが、幼稚園の集団生活では協調行動が困難なことが障害となります。つまり子どもの生活環境によって深刻な症状、すなわち障害となるものが変わるのです。

子どもの状態に不安を抱えながら、子どもの状態を冷静に観察することは親にとって難しいことです。しかし発達の特徴が環境の変化によって子どもの行動にどう影響するかを考えながら、子どもの様子を観察することは子どもを支援する具体的な方針を立てるうえでもたいへん大切です。

支援制度

Q7

障害があるとわかったら、どうしたらいいのですか?

子どもの障害を初めて知ったとき、親の心には衝撃や戸惑いや不安が生じます。その動揺の大きさや動揺が鎮まる時間は障害を知ったあるいは知らされた状況、また周囲の人々の理解と支援のあり方によって異なります。つまり親の心の状態によっては、子どもの障害に対処したくても、すぐにはできない場合があります。

また障害への対処方法を考えるうえで、ほかにも次のような違いを理解する必要があります。

1. 障害の特徴と程度によって対応方法が異なる
2. 同じ診断の同じ程度の障害であっても対処方法は家庭や環境によって異なる
3. 地域によって利用できる支援(専門の医療機関、療育施設、障害児保育、特別支援教育など)に差がある

これらの個人差や環境の違いを超えて、まず親が行うべきことは、具体的な援助を提供してくれる専門機関を探すことです。障害を伝える機関、たとえば保健センターや発達障害者支援センター、発達障害の診断をする医療機関では、障害の発見や診断と同時に障害への対処方法についての説明

や助言をしてくれます。それを参考にして、それぞれの子どもと家族に合った相談機関や療育機関や支援方法を決めていきます。もし障害を伝える機関で、障害があることや診断名を伝えられただけという場合は、より具体的な助言をしてくれる相談機関や医療機関を訪ねる必要があります。また発達障害に関するインターネット上の記事からも、相談や医療についての有意義な情報が得られることがあります。ただしインターネットを利用する際は、記事の内容を比較検討し間違った情報に振り回されないようにすることが大切です。

信頼できると思う相談先、支援機関が決まったら、その機関と協力してそれぞれの子どもに合った支援のしかたや、利用する資源を決めていきます。そして障害の種類、程度、子どもの年齢、家庭の事情などを組み合わせて、発達支援の計画を立てていきます。

発達支援の計画は、最初のうちは試行錯誤のくり返しですが、しだいにそれぞれの子どもの発達の特徴に合った有効な対処方法がわかってきます。一つひとつの行動とその対応法や環境の整備の仕方を整理して、わが子の障害と発達の特徴への対応のノウハウを蓄積していきましょう。そうやって積み重ねられた情報は、その後の発達支援の大切な資料となります。

支援制度

Q8

障害がある子の子育てで、気をつけることはなんですか？

子育てでもっとも注意したいのは子どもが乳児から幼児へと変化する頃です。障害がある子どもは生活環境の変化にうまく適応できなくなるからです。

たとえば、ある子どもが、多動・過活動、注意散漫、衝動性が高いというADHDと関連する発達の特徴があるとしましょう。この発達の特徴は、乳児期であれば好奇心旺盛で活発な子どもとして特に問題になりません。しかし1歳半から2歳になり、公園に出かけたり、スーパーに買い物に出かけたりする際に親を悩ませるようになります。公園では、子どもが衝動的に行動するためにブランコのような大型遊具で怪我をしたり、スーパーでは、じっとしていられず走り回っているうちに陳列された商品を落としてしまったりします。

1歳半から3歳くらいの間はいわゆるしつけの時期にあたります。通常でもこの時期は子育てが難しく、ほとんどの子どもが親に反抗します。それは、子どもにとって乳児期には許されていた行動が急に禁止され叱られるようになるからです。たとえばついこの間までは階段を昇ることをほめられたの

に、食卓のいすに登って机の上に立とうとすると叱られるのです。子どもにとってはどちらも同じ高いところに上ることに思えるのですが、一方はほめられ他方は叱られるのです。子どもはなにがよいか悪いかがわからなくなります。そのため2歳児は手がつけられないほどの癇癪《かんしゃく》を起こすのです。

通常の発達では、この2歳児の反抗の時期に、言葉の表現や理解、表情と声の調子から相手の感情を理解する力など、コミュニケーション能力が一気に伸びます。そのためしつけの意図がしだいにわかるようになり、親への反抗は長続きしません。しかし障害にかかわる発達の特徴のある子どもは、総じてコミュニケーション能力の発達が遅れ、この反抗が長引いてしまいます。そのため親が叱り、子どもが反抗するといった子育ての悪循環が生まれます。そしてそれが親子関係のこじれや悪化の原因となるのです。

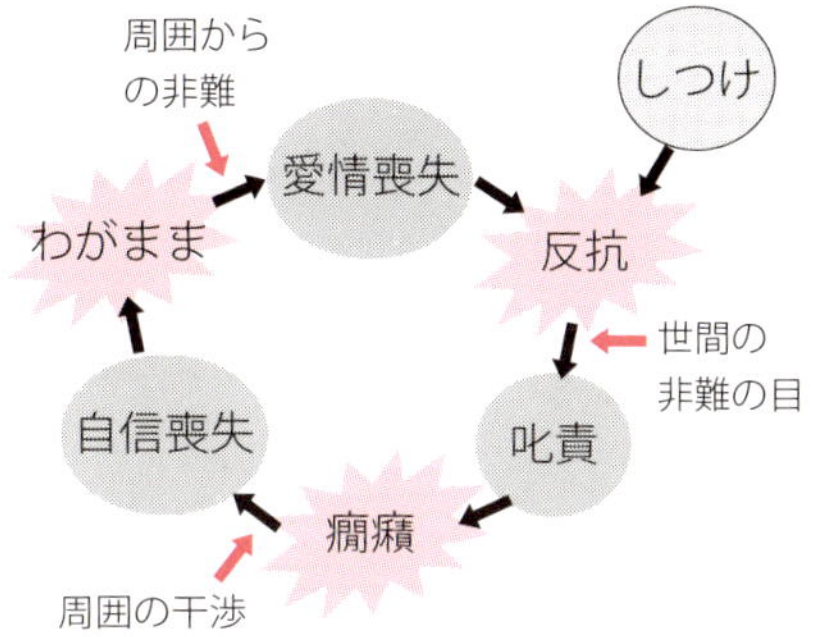

図3　「障害」がある子の子育ての悪循環

この悪循環を起さないためには、癇癪や反抗が発達の特徴によって起きていることを、まず理解しなければなりません。そして子どもの不適切な行動だけに注意を奪われないようにすることが大切です。子どもの成長の過程で不適切な行動はたくさん生じます。しかし、同時にりっぱに成長している面もたくさんあります。そして親の工夫や努力で、不適切な行動がいつのまにか無くなっていることもあるはずです。それを見つけ出すことを習慣にできれば、子どもの成長を見守るゆとりを取り戻し、子どもを叱るだけでなくほめることもできるようになります。

基本

Q9 障害について周囲にどう伝えたらいいのでしょうか？

発達障害の対応では、子どもの発達の特徴に応じて環境を変えたり接し方を工夫すると問題が解決することがあります。そのためには周囲の人々に子どもの障害について説明し、協力してもらうことが必要です。しかし説明によっては誤解や偏見も生じます。障害についてどのように説明するのがいいのか、それは障害を伝えるか否かを含めてケースバイケースで違います。１つの例としてＡくんのお話をしましょう。

Ａくんの診断はＡＳＤで、保育園に登園すると玄関の散水栓で水遊びを始めるのが習慣でした。それは真冬になっても続きました。保育園が栓を開かないようにしたところ、Ａくんは散水栓の前で癇癪《かんしゃく》を起こし保育室に入ろうとしなくなりました。私はＡくんの母親と相談することになりました。

少し細かい話になりますが、その保育園には水道設備がない出入口がほかにありました。Ａくんの母親は保育園の先生と相談して、そこから登園することにしたのです。その作戦はうまくいったのですが今度は保育園が困りました。この特別扱いにほかの保

護者から不満の声があがったのです。そのため母親がAくんの障害について保護者会で説明することになりました。

Aくんの母親の説明のポイントは次の2点です。

❶診断名を伝えて理解を促すよりも発達の特徴とそれによって生じる行動について具体的に話す
❷障害にかかわる発達の特徴によって起きる行動でも環境を変えることでなくなることを説明する

どの子ども発達のある時期、何かにとても夢中になることがあります。Aくんの場合、夢中になることが水遊びで、ほかの遊びに興味が広がらないためにずっと続いていたのです。Aくんの母親の説明は、問題となる行動が障害によって起きる異常な行動としてではなく、支援によってよい方向へ変化させることができる行動としてほかの保護者に伝わり、Aくんに必要な支援が理解されました。
世の中には、障害は「困ったこと」「気の毒なこと」「無くさなければならないこと」など、さまざまな感じ方や考え方があります。ほんとうに大事で忘れてはならないのは、「協力や支援によって解決が可能なこと」ではないでしょうか。

基本

Q10

障害とまではいかないけど、発達が気がかりな子もいませんか？

健常と障害は明確な境界がなく連続している状態です。そのため障害ではないけれども発達が心配な子どもたちがいます。また発達に遅れや偏りがあっても、次のような事情のために障害の確定や診断名の告知が行われない場合があります。

1. 子どもの年齢が幼いために症状が変化する可能性があり、どのような障害かを確定するにはある程度の期間が必要な場合がある
2. 症状はあるが障害を正確に診断しようとすると、症状の数や程度が医学的な診断基準を厳密に満たさないために診断できない場合がある
3. 子どもに障害があることを保護者が知ることで起きる動揺が、保護者の心身の健康、子育ての意欲などに悪影響を与えることが懸念されるために、保護者の状態が好転するまで診断名を告知することを医師や医療機関が留保する場合がある

このような障害か健常か断定できない状態をよく「グレーゾーン」と表現します。白か黒の中間色にたとえたのでしょうが、正確には支援のあり方によって、適応（健常）と不適応（障害）のど

ちらにもなりうる状態です。いわば支援と環境のあり方を支点に健常と障害を行ったり来たりしていると考えられます。

障害と診断される状態、診断が確定できない状態、また発達が心配な状態、それらすべてに共通することは、その状態にある子どもたちがみんな支援を必要としていることです。現在の発達障害の支援においては、どのような子どもも、発達の過程でなんらかの特別な支援が必要となる可能性があることを前提にして、障害としての診断があってもなくても、その子の状態に応じた支援を提供します。たとえば、幼児期には療育サービスを受けたり、保育園や幼稚園への専門家による指導が提供されたりします。学齢期には、特別支援教育として学習支援を受けたり、情緒や言葉の教室を併用したり、放課後にはデイサービスを利用することもできます。さらに大学や就労においても合理的配慮のもとにさまざまな支援が提供されます（第1章22ページ参照）。

どの年代であっても親は子どもの状態をよく観察し、支援者とともに子どもに合った発達支援の方法を考えることが必要です。大切なことは、診断にこだわらず、現在子どもができていることから出発し、より適応的な行動を少しずつ増やしていくことです。

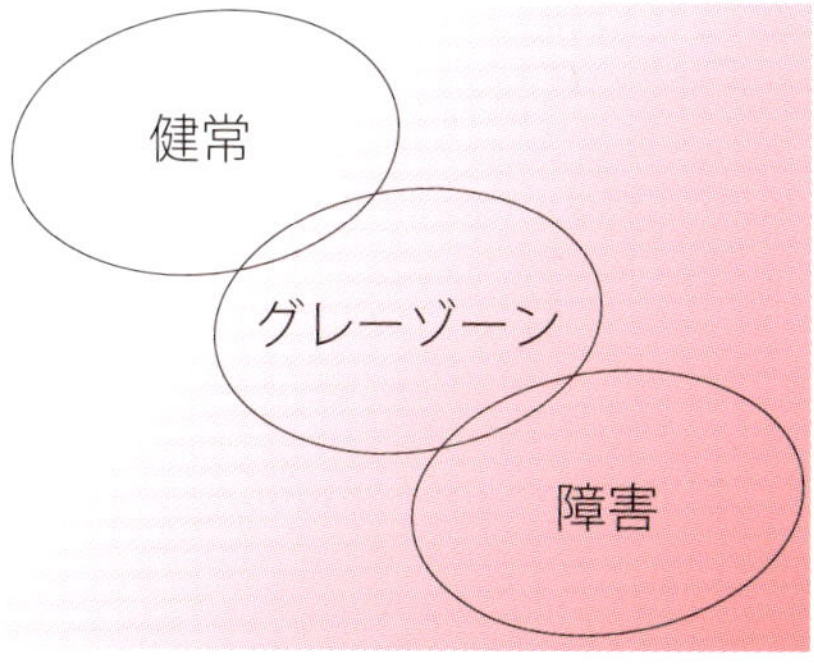

図4　健常と障害

	支援のテーマ	支援の内容	支援を提供する主な機関
乳幼児～就学前（6歳まで）	子育ての悩み	子育ての相談	地域子育て支援センター 保健センターの母子保健事業（乳幼児健診など） 家庭児童相談室 児童相談所
	発達の心配 発達の支援	発達の相談 発達のアセスメント 療育 保育所等の集団生活に適応するための支援	児童発達支援センター 児童発達支援事業所
	日常的な保護と支援	施設への入所	福祉型障害児入所施設 医療型障害児入所施設
	家族の疲労	家族の休息（レスパイトケア）	保育所（一時保育） 一時預かり事業を実施する施設 日中一時支援事業を実施する事業所 福祉型障害児入所施設・医療型障害児入所施設（短期入所）
	就学の心配 就学先の選択	就学の相談 発達検査・知能検査	市町村の教育委員会（就学相談）
学童期・思春期・青年期（18歳まで）	学校生活や学業の心配	学校生活や学業についての相談 学習の支援 専門家による学校への巡回相談	在籍する学校（特別支援コーディネーター、スクールカウンセラー） 市町村の教育委員会（教育相談）
	放課後の過ごし方	放課後の児童保育 放課後の療育支援 放課後の居場所の提供	放課後児童クラブ（学童保育） 放課後等デイサービス事業所
	中学や高校への進学の心配 進学先の選択	進学の相談 知能検査	市町村の教育委員会（就学相談）

	支援のテーマ	支援の内容	支援を提供する主な機関
成人期（18歳以上）	就労の心配 就労先の選択	就労の相談 就労へ向けての支援 就労機会・生産活動の場の提供 就労後の支援	就労移行支援事業所 就労継続支援事業所（A型、B型） ハローワーク 障害者職業センター 障害者就業・生活支援センター 特別支援学校専攻科
	家庭生活の心配 余暇の過ごし方 社会生活の心配 社会適応の困難	家庭生活・社会生活についての相談 社会参加に向けた支援 余暇支援	地域若者サポートステーション 地域活動支援センター 医療機関のデイケア ひきこもり地域支援センター
	家族の加齢にともなう問題	訪問による生活の支援 外出のための支援 地域生活に向けた支援 地域生活の場の提供と援助 家族の休息（レスパイトケア） 施設への入所	グループホーム 障害者入所施設 その他、必要な支援を提供する障害福祉サービス事業所

〈注記〉

障害の支援に関しては、まずは市区町村の障害福祉の担当課が、相談や情報提供、各種の手続きの窓口になることが多いです。広い範囲の支援のテーマに対応するそのほかの機関として、発達障害者支援センター、地域生活支援拠点等があります。

第2章

その子なりの独り立ちにいたるために

就学まで

就学まで

Q1

声をかけても反応がない

無反応はさびしいな

近くから名前を呼んでもふり向きません。ご飯やお出かけに誘っても動きませんし、いっしょに遊ぼうとして話しかけても、おもちゃで黙々と遊んでいるだけです。

反応してもらえないのは1人取り残された気分で、子どもに受け入れてもらえていないようで、さびしいです。

A

聞こえの確認と、声かけに気づく工夫をしましょう

まずは、耳が聞こえているかを確認しましょう。大きな音に反応がなかったり、どの程度聞こえているかが心配な場合は、聴覚検査を受けることが望ましいです。子どもの聴覚検査ができる機関は、かかりつけの耳鼻科や地域の保健センターなどで紹介してもらってください。

聞こえに問題がなければ、人に関心をもちにくかったり、声という目に見えないものに注意を向けにくかったりすることが考えられます。子どもが気づきやすいようにかかわっていきましょう。

アドバイス

1 子どもが意識を向けやすいかかわりを

子どもの視界に入ったり、子どもがいやがらなければ体に触れたりして、はたらきかけられていることに気づかせ、目に見えるものやジェスチャーも使ってみましょう。子どもの遊びや興味をいっしょに楽しむかかわりの中で声かけをすると、子どもが意識を向けやすいです。

2 焦らず子どもの力を信じる

工夫してかかわっても、子どもからの反応が見られないこともあります。しかし、子どもは自分へのまなざしを敏感に感じとっています。無関心なのではなく、応じるすべを知らないのです。温かいまなざしを注いでもらえた経験の積み重ねは、子どもの心を一生支える力となります。親としては切なくなることもありますが、子どもが受け取ってくれる力を信じて、ゆったりとかかわっていくことが大切です。

言葉がまだ出ない

話せるようになるのかな

2歳を過ぎましたが、まだ意味のある言葉を話しません。できるだけ話しかけたり、絵本を見せてものの名前を教えたりしていますが、言葉のまねもしません。声を出すのは、泣くときと、いやなときの「んー!」というふきげんな声くらいです。同じくらいの年齢の子がおしゃべりしているのを見ると、うちの子は大丈夫だろうかと心配です。

A

わかる言葉を増やし、伝えたい気持ちを育てましょう

言葉は、人に考えや気持ちを伝えるための道具です。言葉を話すようになるには、言葉の意味を理解することと、人に伝えたい気持ちが育つことが必要です。

第2章Q1（26ページ参照）で述べたように、まずは聞こえを確認してください。聞こえに問題がなければ、言葉の意味がわかり、人への関心が高まるように、配慮してかかわっていきましょう。

アドバイス

1 わかる言葉を増やす

子どもが興味をもっているものや、生活に身近なものに、ていねいに言葉をそえるようにします。お出かけのときに靴を見せながら「靴をはこう」、散歩中に犬を見つけたら「ワンワンだね」など、ゆっくり、はっきり、短めに伝えましょう。

2 伝えたい気持ちを育てる

子どもが感じていることを、「おいしいね」「びっくりしたね」と代弁して共感するかかわりをしてみましょう。また、子どもが好きなことを、大人も同じように楽しんでみるのも効果的です。自分の思いが伝わる手ごたえとうれしさが、もっと伝えたいという子どもの気持ちを育てます。

ポイント

言葉以外のコミュニケーションも大切に

考えや気持ちを伝え合う方法には、言葉のほかにも目線、表情、しぐさ、発声などがあります。言葉を使わないやりとりも楽しみ、大切にしていきましょう。

就学まで

Q3

よく転んだり、つまずいたりする

すり傷が絶えません

歩き始めは1歳の誕生日を過ぎた頃で、その時は特に問題なかったのですが、4歳になった今でも歩き方や走り方がぎこちないです。足の裏全体で着地して、腕と足の動きのバランスが悪く、少しの段差でもつまずいたり、何もないところでもよく転びます。

A 転ぶ原因に応じて必要な対応をしましょう

子どもは頭が体に占める割合が大きく、転びやすい体型をしています。足に合った靴を選び、たくさん体を動かす経験をすることで、3歳頃までには安定して歩けるようになっていきます。

その頃になっても、ほかの子どもより転ぶことがずっと多い場合、発達障害のある子どもに見られやすい原因としては、①不注意や衝動性のため、②体のいくつかの部分の動きをいっしょに行う運動（協調運動）が苦手なため、といったことが考えられます。

アドバイス

1 不注意や衝動性が背景にある場合

転んでも危険が少ない場所で遊ばせるようにし、近くに階段や障害物があれば教えて目を向けさせます。また、足や背中といった子どもにとらえにくい部分も含めてスキンシップをとることで、子どもが自分の体を意識する感覚が育ちます。

2 協調運動が苦手な場合

全身や手先を使うほかの動きにも苦手さがみられます。苦手の度合いが高ければ、児童発達支援センターなどに相談して、必要な支援を受けることが望ましいです。

ポイント

以前より不安定、は要チェック

筋肉や脳神経や視機能に異常がある可能性もあります。以前よりも歩き方が不安定になってきた場合は、特に注意が必要です。心配があれば神経内科や小児科を受診してください。

就学まで

Q4

姿勢が維持できない

まっすぐ座れません

いすに座ると、しだいにお尻がずり落ちていきます。床に座っているときは、ずっと体を起こしていられないようで、寝そべってしまいます。障害児通園施設の体操やおゆうぎでは、立ち続けることができず、壁にもたれたり座り込んだりしています。

やる気がないように見えるし、集中も続かないので、姿勢を保てるようになってほしいです。

身体を十分に動かすことで、身体の感覚をとらえる力を育てます

姿勢を保つためには、自分の身体の位置の感覚や、身体を支える関節や筋肉の動きの感覚をとらえられることが必要です。発達障害があると、これらの感覚をとらえにくいことがよくあります。そうした子どもに、まっすぐ座っているようにがんばらせたり、筋力をつけるトレーニングをさせたりしても、姿勢を保てるようにはなりません。子どもが生活や遊びの中で身体を十分に動かし、自分の身体を自分であつかう経験を重ねることで、これらの感覚をとらえる力が伸びていきます。

アドバイス

1 生活や遊びの中で

身体の位置や傾きを感じる動きを、子どもが生活の中で自然に行ったり、遊びで楽しく取り組んだりできるようにします。階段の昇り降り、トランポリン、ブランコ、すべり台などを取り入れてみましょう。

2 正しい姿勢の感覚を

短い時間でよいので正しい姿勢をとらせてみて、できたらすぐにほめてあげます。身体がまっすぐになっているときの感覚を、少しずつ経験できるようにしましょう。

いすにきちんと座る感覚をつかむためには、姿勢を保ちやすい形のいすを用意して、座ったときに足の裏がちょうど床につくように高さを調節することも大切です。

人をかむ・たたく

頭を下げる毎日、泣きたくなります

2歳頃から、近くにいる子をかむようになりました。使いたかったおもちゃを持っていかれたときなど、理由がわかることもあるのですが、ただ近くにいるだけで突然かむこともあります。3歳を過ぎると、かむよりもたたくことが多くなってきました。くり返し言い聞かせて、本人も「わかってる」と言いますが、手が出てしまいます。

A

できるだけ予防し、気持ちの表現のしかたを伝えましょう

かみつきやたたくといった行為は、言葉をうまく使えない時期の、主張や感情を表現する手段です。2歳頃の子どもによく見られますが、衝動性や発達の遅れがあると、こうした行為が激しく出たり、長引いたりすることがあります。発達障害のある子どもは、意識に入っている範囲が狭く、近くの人にびっくりして、とっさに手が出るということも考えられます。

アドバイス

1 予防するために

どのような場面でかんだりたたいたりするかをよく観察し、手が出やすい状況をつくらないようにしたり、大人が近くで見守ったりして、できるだけ事前に防ぎます。子どもの思いを大人がくみとって言葉にしたり、困ったときは手を出す代わりに大人のもとに来るように教えたりして、好ましい表現の方法を伝えることも大切です。

2 手が出てしまったら

行動をしっかりと止め、してはいけないことだとわかりやすく短い言葉で伝えます。感情的に叱ったり大きな声を出したりすると、言われていることの内容が子どもにわかりにくくなるので、〝近づいて、静かに、穏やかに〟伝えましょう。

就学まで

Q6

自分をかんだり頭打ちをする

親もつらいです

イライラしたり、悲しい気持ちになると、自分の手の甲をかみます。いつも同じところをかむので、あざになっています。

床に自分の頭をぶつけることもよくあります。きっかけがわかるときとわからないときがあります。自分を傷つける姿を見るのはつらいです。

A 自分を傷つける必要がなくなるようにかかわりましょう

自分を傷つける行動の理由としては、①不安な気持ちの表れ、②自分に目を向けてほしい、③置かれている環境から逃げたい、④心や体に感じているほかの苦痛をまぎらわせたい、といったことが考えられます。自分を伝えたり守ったりするための子どもなりの手段として、こうした行動が現れているのです。そこで、そのような行動をとる必要がないように環境を整え、気持ちを伝える手段として自分を傷つけること以外の方法を使えるようにかかわっていきましょう。

アドバイス

1 自分を傷つける行動がみられたら

子どもの気持ちをくみとって代弁し、子どもが意識をほかのことに向けられるようにかかわります。頭打ちがある場合は、頭を保護するために、ヘッドギアの使用を検討します。

2 予防のために

行動が出やすい場面や子どもの生活の状況をふり返って、行動の理由の理解につとめます。そのうえで、見通しをもてる配慮をして不安を減らし、スキンシップなどで子どもが満たされるかかわりを十分にして、ジェスチャーや絵カードなどで気持ちを表現する方法を教えていきましょう。

ポイント

いろいろな視点をもつことも大切

家庭だけでは対応が難しいこともあり、行動が落ち着いても環境が変わればまた現れることもあります。家庭以外で子どもとかかわる人たちとも連携して、子どもの理解と対応を共有していきましょう。

Q7

目が合わない

私の話、ちゃんと聞いてる？

赤ちゃんの頃から、目が合いにくいと感じていました。子どもに話をしていても、ちがう方を見ています。目を見て話を聞くように何度も言って、やっとこちらを見させても、すぐ目がそれてしまいます。話がきちんと伝わっていないように思って気になります。

A

子どもの意識がこちらに向くようにかかわりましょう

話を聞くときに相手を見るように教えても目がそれる場合は、注意が散りやすかったり、人に関心をもちにくかったりすることが考えられます。

目を合わせて話を聞けたほうが相手に与える印象はいいですが、それがどうしても難しい子どもには、さまざまな事情があります。目が合わなければ話の内容が伝わらない、というわけでもありません。子どもの事情も尊重して、かかわり方を工夫しましょう。

1 声かけはわかりやすく短めに

注意が散りやすく、人の話を聞き続けるのが苦手な場合は、要点をわかりやすく、短めに伝えましょう。テレビを消すなどして、余計なことに注意がそれないようにします。言葉だけでなく絵や物、ジェスチャーも見せながら伝えると、子どもが話に注意を向けやすくなります。

2 目を合わせることにこだわらない

人とかかわることに苦手さがある子どもは、人の目線に不安を感じることがあります。また、2つのことを同時にするのが難しい子どもは、目を合わせるように言われると相手の目を見ることに一生けんめいになって、話の内容が頭に入ってこないことがあります。子どもの様子をよく観察して、場合によっては目を合わせることを求めすぎず、子どもの意識がこちらに向くことを大切にしてかかわってみましょう。

就学まで

Q8

水遊びをやめない

毎日毎日、参ります

お風呂に入ると、シャワーでいつまでも遊んでいます。トイレの練習を始めたら、トイレには喜んで行くのですが、水洗レバーを何度も引いて水が流れるのをじっと見ています。ぜんぜんトイレの練習になりませんし、水ももったいないです。水遊びをやめさせようとするととても怒って、それでもやめさせると泣き叫んで手が付けられません。

A 子どもが切り替えられる工夫をしていきましょう

発達障害があると、感覚を強く受け取ることがあります。見たり触れたりする水を〝気持ちい い〟と感じると、その感覚に没頭します（反対に〝不快〟と感じると水を極端におそれます）。子どもが好きな感覚を楽しむのは、大切なことです。一方で、自分の世界にひたっている状態から切り替えられるようになることも大切です。

アドバイス

1 切り替えのルールをつくる

タイマーで〝おわり〟を伝える、トイレで流すのは1回と決める、などの手立てを試してみましょう。しばらくルールに従ってやめさせるようにします。子どもがそのルールをパターンとして受け入れられれば、水遊びを切り上げられるようになります。

2 興味の範囲を広げる

水以外に楽しめることを増やすのも大事です。子どもが好む感覚刺激や遊びを見つけたり、家族や支援にかかわる人でアイデアを出したりしてみましょう。たとえば、お風呂から出たらお気に入りの感触のクッションに寝転んで好きな電車の本を見る、といった切り替えができるようになるといいです。

ポイント

水道器具の検討も

アドバイスであげたような手立てが効果なく、水遊びが生活や安全にさしさわる程度が大きい場合は、子どもが水を出す操作をできないように蛇口を付けかえるといった手段も検討します。

就学まで

Q9

歯みがきをいやがる

歯ブラシを見るのもイヤ?!

1歳6か月児健診のときの歯科健診も、市の2歳児の歯みがき指導も、ものすごくこわがって大変でした。家で少しずつ練習するように言われ、いろいろ試しましたがいやがります。虫歯も心配で、押さえつけてみがいてみたりもしましたが、大泣きして抵抗して、その後はますますいやがるようになりました。

A

楽しい雰囲気で、少しずつ慣れることから始めましょう

歯みがきをいやがる子どもは多いですが、発達障害の特性があるといやがり方が激しい場合があります。その原因としては、①感覚の過敏さがあって歯みがきが痛かったり気持ち悪かったりする、②自分の目で見えない「歯みがきされている状態」がこわい、③歯みがきに関連していやな経験をした記憶が強く残っている、といったことが考えられます。

口の中にものが入る感覚に、少しずつ慣れることから始めましょう。歯みがきの歌を歌ったり、「えらいね」「きれいになったね」とほめて、楽しい雰囲気をつくることも大切です。

アドバイス

対応の工夫

・歯ブラシの素材をやわらかいものにする
・歯ブラシを手でさわったり唇に軽く当ててみたりして、歯ブラシの見た目や感触に子どもをゆっくり慣れさせる
・家族が歯みがきしている様子を子どもに見せる
・鏡を使って子どもが自分の歯みがきを見られるようにする
・初めは前歯だけなど少しみがいて終わりにしてほめる
※歯ブラシを使えないあいだは、ガーゼやめん棒でぬぐったり、口をすすぐだけでもいいです。

ポイント

健康を保つための歯科診療

障害のある人を対象に歯科診療をおこなっている機関もあります。必要があれば、幼児健診の際や保健センターに問い合わせてください。

大きな音や声をいやがる

お出かけのときも大変

バイクやサイレンの音がすると、すくんで動けなくなります。誰かのくしゃみにびっくりして泣き騒いだり、ほかの子どもの泣き声をいやがって耳をふさいだりします。幼稚園のプレに通っていたときは、子どもたちが一斉にあいさつすると、耳をふさいで部屋のすみでうなっていました。

A

苦手な感覚刺激をできるだけ受けないように配慮しましょう

発達障害のある人は、感覚が過敏で、耐えられる感覚刺激のレベルがとても低いことがあります。聴覚が過敏な人にとっては、大きな音や声はとても苦痛です。音に慣れれば大丈夫ということはなく、そのために心身ともに疲れやすいということも、周りが理解することが大事です。

アドバイス

1 苦手な感覚刺激をできるだけ受けないように

感覚が過敏な場合の基本的な対応は、その感覚刺激を受けないようにすることです。聴覚過敏の場合、お出かけのルートや行き先になるべく静かなところを選んだり、耳栓やヘッドホンを使って音をさえぎったりしてみましょう。

2 不安をやわらげるために

なぜ、どうやって音がするのかわかったり、音が鳴ることが予測できたりすると、不安がやわらぐことがあるので、可能なら子どもに伝えます。また、疲れていると感覚刺激から受けるダメージがいっそう強まるため、生活リズムやストレスに気をつけて体調を保つことも大切です。

ポイント

子どものつらさに共感する

苦手な音にさらされ続けると、本人にとっても不本意な最後の手段として、人をたたくなどの行動につながることもあります。この場合は決して叱らず、つらかった気持ちによりそい、音からのがれられるように対応します。

Q11

癇癪が激しい

腹が立つのと情けなさでいっぱいです

ブロックが1つはずれたくらいのちょっとしたことで、投げたりたたいたり大暴れします。外でも「さっきの電車を見たかった！」などその場にひっくり返って叫び続けます。何を言っても受け入れず、本人が落ち着いてくるのを待つしかありません。通りかかる人に冷たい目で見られ、叱られることもあります。ほんとうに情けない気持ちになります。

A

親の負担を減らしつつ、子どもの気持ちを受けとめましょう

子どもの癇癪《かんしゃく》は、親にとって大きなストレスです。特に、外出先で癇癪を起こされるとつらいですね。しかし、理解力とコントロールの力が育てば、癇癪は必ず落ち着いてきます。その成長を信じて、親が疲れすぎることのないように、この時期の子どもに付き合っていきましょう。

アドバイス

癇癪を防ぐ工夫を

癇癪につながりやすい状況としては、子どもにとって見通しが立たない、欲しいものや触れたいものがたくさんある、心身の調子が悪い、といったことがあります。そうした状況をできるだけつくらないように工夫しましょう。買い物や遠くへの外出など、癇癪が予想されるときは、「○○を買ったら帰る」のように約束や見通しをあらかじめ伝えたり、大人が複数ついて出かけたりできるといいです。

ポイント

癇癪を起こしたら

□ 安全を確保して落ち着くのを待つ

□ 思いを受けとめ代弁する

落ち着いたら「○○したかったね」など子どもの思いを受けとめる。そうした声かけで子どもが思い出してまた怒り出す場合は、時間をおいてから何気なく話題にする。

□ 気持ちを切り替える

「帰っておやつ食べよう」など子どもの意識がほかのことに向かうようにかかわる。親もマイナスの気持ちをできるだけ引きずらず、切り替える。

就学まで

Q12

園選び

何を基準に選べば？

幼稚園のプレに通っています。集団行動に参加できている感じはしませんが、特に迷惑はかけていなくて、入園を希望するなら入れてもらえそうです。療育の先生には、障害児通園施設を紹介されました。今の発達を考えると通園施設がいいのかなと思いますが、幼稚園でふつうの子たちと過ごす経験もさせたいし、それで刺激を受けて伸びるかもしれないという期待もあります。

アドバイス

A 子どもが〈わかること〉〈できること〉を積み重ねていける環境を選びましょう

子どもがもっている力を発揮して育ちゆくためには、子どもにとってわかりやすい環境と、今の発達の上に「できた」を着実に積み重ねていけることが必要です。個別の声かけや必要な手助けなど、〈わかる〉〈できる〉をサポートしてくれる園かどうかを確認しましょう。

1 園の体制や活動の確認を

施設の見学・体験、プレ保育や園庭開放に参加して、クラスの規模、職員配置、保育者を加配する体制があるか、カリキュラムなどを確認するようにします。

2 子どもに合った場の選び方

幼児期の集団生活の場には、幼稚園、保育園、こども園のほか、障害がある場合は障害児通園施設もあります。人に関心を向け、集団という環境から学ぶ力がどのくらい育っているか、その育ちがゆっくりな場合はどの程度支援が必要かを考えて、子どもなりに充実して過ごせる場を選んでいけるとよいと思います。

ポイント

障害について園に伝える

子どもに合いそうな園があったら、特性を理解して受け入れてもらえるように、発達について気がかりなことを園に伝えたほうがよいでしょう。それで入園を断られる場合は、園が子どもに適した支援体制を用意することが難しいのだと考えて、ほかの園を検討するようにします。

Q13

登園をしぶる

慣れてきたと思ったのに

入園当初、幼稚園になじめるか心配でしたが、親と離れるときに泣くこともなく、すんなり通えていました。友だちの名前も少し出るようになって、成長を感じていたのですが、最近急に登園をしぶるようになりました。朝の支度がなかなか進まず、やっと家を出ても、どうしても園バスに乗りません。

幼稚園に行きたがらなくなったきっかけを先生に聞いても、特に思い当たることはないようです。

A

子どもの気持ちに寄り添って環境を整えていきましょう

登園しぶりは、入園してすぐから始まることもありますが、今回のケースのように園生活に慣れてきた時期や長期休暇のあと、園の行事の前後などに始まることもあります。

子どもの「行きたくない」という気持ちには必ず原因があるので、その気持ちを否定せずに受け止め、子どもが園に行くことへの不安が減るように環境を整えていきましょう。

アドバイス

家庭と園が連携して対応を

感覚が過敏で園での刺激が強すぎる、園生活の見通しがもてなくて不安、製作や集団行動など苦手な活動で疲れる、園でいやな思いをした出来事を思い出してしまうなど、原因はさまざまに考えられます。

家庭と園が連携して、登園をしぶる原因を考え、その原因をできるだけ取りのぞくように環境を整えましょう。見通しの伝え方、参加のさせ方、課題の与え方に配慮して、子どもなりに「わかった」「できた」と感じて過ごせることが大切です。

ポイント

保護者も焦らずゆったりと

周りが焦ったり感情的になったりすると子どもの不安が増してしまいます。子どもが落ち着いて、園に行くことに気持ちを向けられるように、ゆったりと前向きにかかわりましょう。

就学まで

Q14

いつもと違うことに混乱する

ほんの少しの違いなのに

住んでいるアパートのエレベーターが使えなかったとき、階段で降りようとしたらいやがって泣き、出かけられませんでした。療育を利用し始めたときや、障害児通園施設で避難訓練があったときも、大混乱でした。いつもの流れと違うことが起きると受け入れられないようで、動けなくなってしまいます。

A

ふだんの生活を安定させ、安心の基盤をつくりましょう

自閉的な傾向があると、同じことがくり返され見通しがもてることが安心感につながります。そのため、いつもと違う出来事があると、子どもは混乱し不安になります。

「安心」のよりどころとなるものを積み重ね、変化があっても大丈夫なのだと子どもがわかって、少し驚き緊張するけれど適応できるようにしていきましょう。

アドバイス

1 ふだんの生活に安定を

毎日の生活のリズムを整え、見通しをもちやすくしましょう。ふだんの生活の安定が、いつもと違う出来事に対応できることにつながります。

2 いつもの日常に戻る経験を

ときおりの変化に混乱しても、その変化が終わればまたいつもの日常に戻れる経験をくり返すうちに、大枠としての世界は変わらない、とわかっていきます。身近な人との信頼関係をしっかりと築いておくことや、変化が予想されるときは子どもの理解力に合わせて事前に伝えることも大切です。

ポイント

子どもの立場に立ったサービスの利用を

現在は、児童発達支援や放課後等デイサービスなど福祉サービスの数が増えて利用しやすくなりました。しかし、子どもに合わせた利用でないと、混乱してストレスを高めてしまうこともあります。子どもが見通しをもてて、安定して過ごせることを最優先に、サービスの利用のしかたを考えていくことが望ましいです。

就学まで

Q15

行動の切り替えができない

「おしまい」が難しいです

ブロックで遊んだり、テレビを見ていると、終わらせることができません。ご飯やお風呂の声かけを何度もしても動けず、こちらはイライラするし、子どもも最後はパパに叱られて泣いてしまいます。楽しいから遊び続けているというより、終われなくて困っているように見えます。

A 子どもが見通しを立てやすくなる工夫をしましょう

やるべきことに行動を切り替えられない理由としては、①「今、ここ」の場面が子どもにとっての世界のすべてで、次の場面があることをイメージできない、②今していることをやめるという「変化」に抵抗がある、③人と気持ちや考えを共有することが苦手で、人から言われて納得しにくい、といったことが考えられます。子どもなりに見通しをもてるように、生活の組み立てやかかわり方の配慮をしましょう。

アドバイス

1 見通しをもちやすくするために

生活の流れをできるだけ一定にして、今していることの次に、いつもどういう場面に切り替わるのかを子どもがパターンとしてわかるようにします。また、遊びやテレビを終わらせることを、時間に余裕をもって予告して、見通しと心の準備ができるようにしましょう。

2 遊びを終わらせる工夫

子どもの遊びに寄り添ったりいっしょに遊んだりして、遊びのストーリーを共有し、そのストーリーが次にするべきことに自然につながるように工夫してみましょう。

ポイント

視覚的に伝える

子どもによっては、タイムエイドや時計を使って視覚的に伝えると、物事の「終わり」のイメージや時間の感覚をつかみやすいことがあります。

就学まで

Q16

スプーンやはしを上手に使えない

食事の時間を楽しめません

スプーンはてのひらを上に向けて握り、しかもスプーンの先を口に向けられないので、こぼす量が多いです。幼稚園ではおはしを練習するように言われ、補助ばしを使わせていますが、スプーンと同じ持ち方をするのでますますこぼします。本人もうまくできないので食べる気をなくしてしまい、ほとんど親が食べさせています。

A 食べる意欲を大切にして、手指を使う感覚を育てましょう

スプーンの持ち方は、手指の運動が発達するにつれて変わっていきます。子どもは、そのときの自分の発達に合った持ち方を自然に選んでいます。ですから、正しい持ち方を教えるだけでは、上手に使えるようにはなりません。

スプーンを握り持ちしている段階で、おはしの練習は難しいです。おはしに取り組む時期について、幼稚園の先生と話し合ってみてください。

アドバイス

1 食べる意欲が最優先

食事は、食べる意欲がいちばん大切です。小さい頃は、手づかみでもいいので食べられるように配慮し、食べ物への関心と、食事が楽しいと思う気持ちを育てましょう。スプーンやフォークを使うようになったら、持ちやすい食器やこぼしにくいお皿を用意し、安定して座れるようにテーブルと椅子の高さを調整します。うまく食べられなくても、自分で食べようとすることをほめてあげてください。

2 自分の身体を扱う感覚を育てる

全身や手指を使う経験を、遊びやお手伝いの中で経験させてあげるようにします。散歩、大型遊具、粘土遊び、シール貼り、食器を並べる、タオルをたたむなど、訓練にならないよう、ふだんの生活で楽しく取り組んでみましょう。

就学まで

Q17

走り回る、飛び出す

出かけるとどっと疲れます

家の中でもじっとしていませんが、外出のときはほんとうに大変です。病院やお店で走り回ったり、自動ドアが開いたとたんに飛び出したり、道路の向こう側のクレーン車を見て車道に走り出したりします。お店のカートに乗せても、立ち上がって降りようとします。手をつなぐのもいやがります。

A

伝え方や環境のつくり方を工夫しましょう

多動や衝動の特性は、脳が気持ちと身体の動きをうまくコントロールできていないことが原因です。〝止まれない〟ことは、家庭のしつけのせいでも子どものわがままのせいでもありません。

多動や衝動の程度は、子どもに適切な対応がなされていれば、年齢が上がると落ち着いてきます。それまでの間、子どもの危険を防ぎ、親の負担を減らすように工夫しましょう。

アドバイス

1 飛び出しを防ぐために

買い物のときは「いっしょにカートを押して歩こうね」、道路を渡るときは「ママにくっついて右と左を見るよ」など、子どもにわかりやすく約束を伝えましょう。少しでも走らずにいられたら、ほめるようにします。また、子どもの飛び出しを事前に止めたり、飛び出してもすぐに止められるように、車や建物の外に子どもを先に出さないことも大切です。

2 困る機会を減らす

工夫をしても、落ち着いて外出できるようになるには時間がかかることが多いです。また、子どもの年齢や発達の特性によっては、約束を理解することが難しいこともあります。そうしたときは、走り回っては困るところに子どもを連れていく時間を、なるべく短くすることも考えてみます。たとえば、子どもが保育園や幼稚園にいる間に買い物をすませたり、宅配サービスを使って買い物をしたり、ｗｅｂ予約などで待ち時間を少なくできる病院を探したりしてみましょう。

Q18

こだわりが強い

「どっちでもいいよ」が通用しません

なにかにつけてこだわりが強く、大変です。服は決まったものしか着ないので、同じ服を何枚もそろえてあります。洗濯が間に合わなかったときは、ほかの服はいやがって着替えませんでした。

幼稚園では、使う水道の場所やトイレのスリッパの色が決まっていて、ほかの子が使っているとずっと待っているようです。

A 子どもの感じ方を尊重しつつ、受け入れられる範囲が広がるようにかかわりましょう

こだわりの背景としては、①感覚が過敏で受け入れられないものが多い、②変化が苦手で同じものや手順で安心する、③興味の範囲が狭く決まったものにしか関心が向かない、といったことが考えられます。こだわりが強ければ発達障害であるとは限りませんが、発達障害の特性があるとこだわりの強さをもっていることがよくあります。子どもの感じ方を尊重してかかわりましょう。

アドバイス

1 無理させずにこだわりをゆるめる工夫を

こだわる行動には、子どもなりの必要がある場合が多いので、可能なものは認めてあげるようにします。生活のさまたげや危険につながる場合は、こだわりが許される場面や時間を決めて伝え、一貫して対応します。こだわりの対象以外にも子どもの目が向くように、身近な人が使ってみせたり、選択できるようにして気長にすすめてみたりしましょう。

2 子どもの気持ちの余裕も大切

子どもが不安になったり体調が悪かったりすると、同じものや決まったことに安心を求めて、こだわりがますます強く現れやすいです。子どもの心身ができるだけ元気で、余裕をもつことができるように、見通しをもちやすい環境づくりや生活面での安定も大切です。

Q19

一方的に話す

話がかみ合わない！

好きな電車や恐竜のことや、気になっていることを、そばにいる人に突然話し始めます。相手がほかの人と話していても、忙しそうでも、おかまいなしです。よくしゃべる子なのですが、こちらから話しかけても関係ない話題が返ってくるので、やりとりになりません。

A

子どもの話に耳を傾け、コミュニケーション力を育てましょう

コミュニケーションが成り立つには、自分の思いを伝える力と、相手の思いを受け取る力が必要です。伝える力より受け取る力の育ちがゆっくりな場合は、一方的なかかわりになりやすいです。子どもは、わがままで一方的に話しているのではありません。考えていることを言葉で伝えられるのは、大事な力です。その力を子どもなりに発揮しているのですから、耳を傾け、肯定的に聞くことが大切です。

アドバイス

1 思いを受け取ってもらえる感覚を育む

子どもが相手をあまり意識せず独り言のように話している場合は、短くはっきり応答したり肩に手を添えたりして、話を受け取る相手がいることに気づかせます。自分の思いを受け取ってもらえる感覚とそのうれしさをくり返し経験することで、人への関心が育まれ、自分が相手の思いを受け取る力の育ちにつながっていきます。

2 わかるように伝える

好ましくないタイミングで話し始めるときは、指でバツ印をつくって口に当てるサインをしたり、話してよいタイミングを「ごあいさつしたら」「お外に出たら」などわかりやすく示します。約束したことを忘れて話し始める場合は、そのつど思い出せるように穏やかに伝えましょう。

就学まで

Q20

ほかの友だちと遊べない

みんなと遊ぶのも楽しいよ

小さい頃から、ほかの子どもが近くにいても興味を示しませんでした。幼稚園では、黙々と積み木をしたり、園庭のはしに沿って歩いていたりして、いつも1人でいます。先生が誘ってくれると先生について遊びの輪に入りますが、しばらくすると輪をはなれて、また一人遊びをしています。

A

大人とのかかわりを支えに、周りへの関心を広げましょう

人は「わかりにくい」存在です。表情がどんな気持ちを示すのか、次にどう行動するのか、言葉で何を伝えようとしているのか、はっきり読み取るのは難しいです。中でも、相手が子どもの場合は、大人よりさらに行動や話がわかりにくく、かかわりをもちにくいことがあります。

まずは、身近な大人との間で人とかかわる楽しさと安心感を経験することが大切です。それを支えに、子どもはほかの子どもにも目を向け、かかわってみようという意欲をもてるようになります。

アドバイス

1 大人とのかかわりを育てるために

大人が子どもの感覚や気持ちを尊重し、共有しようとし、わかりやすい言葉と態度で接することで、子どもはだんだんにその大人をかかわりの相手として受け入れるようになってくれます。

2 ほかの子どもとのかかわりを支援する

大人と子どもとのつながりがしっかりしてきたら、「貸して」「どうぞ」などやりとりのルールや方法も教えます。そして、大人が仲立ちして、ほかの子どもの様子に目を向けたり遊びに参加したりする機会を少しずつつくっていきましょう。

就学まで

Q21

叱られても笑っている

ますます腹が立ちます

障害児通園施設の面談で、友だちの遊びのじゃまをしたり、ものを投げたりしたときに、先生が叱るとニヤニヤしていると言われました。あやまることを教えていますが、まだできません。家でも、こちらをじっと見ながらコップの飲み物に手を入れて、叱られると笑います。わざとやって笑うので、感情的に怒ってしまいます。そうするとますますニヤニヤします。

A 状況や行動をわかるように伝え、人の気持ちに気づくようにかかわりましょう

叱られているのに笑う理由としては、①どうして叱られたのかわかっていない、②相手の表情がどんな気持ちを表しているのかわからない、といったことが考えられます。子どもなりに困ったときの気持ちの表し方として笑うという反応をすることや、叱っている人の表情や声の変化を〝おもしろい〟と感じて笑うことがあります。子どもの目線に立って、わかりやすく伝えましょう。

アドバイス

1 子どもがわかるように伝える

叱られる理由を理解できるように、してはいけないことやするべき行動を具体的に伝えるようにします。たとえば、「お友だちが痛いからだめ」よりも「このお手々でたたきません」、「片づけなさい」よりも「この本をこの箱に入れて」と言うほうが、子どもにわかりやすいです。

また、感情的に叱ったり、大きな声を出したりすると、何を言われているのかが子どもに届きにくくなります。〝近づいて、静かに、穏やかに〟伝えることが大切です。

2 人の気持ちを理解できるように

子どもは、自分の気持ちを人に受け取ってもらえることで、目に見えない気持ちをとらえる力と人への関心が育ちます。この力を土台にして、人の気持ちも理解できるように、子どもとかかわる人が自分の気持ちを表す表情と言葉を、子どもにわかりやすく根気よく伝えていきましょう。

就学まで

Q22

周りに合わせて動かない

周りがどう見えているの？

幼稚園で、みんなが歌っているときに黙って壁のカレンダーを見ているなど周りに合わせて動くことができません。着替えが周りより遅れても、ぜんぜん焦りません。列の前の子が進んでも、その場に止まったままです。字も読めるし、個別に話せば伝わるのですが、とにかく集団行動が苦手です。

A

大人が仲立ちして、子どもと周りの世界をつなぎましょう

周りに合わせることが苦手な場合、関心のあることだけに注意が向いて周りの動きが目に入らなかったり、周りの動きを見ていても自分がその集団の一員である認識がないことが考えられます。周りに意識を向け、合わせて行動する感覚を、大人が仲立ちして育てていきましょう。

アドバイス

1 周囲への関心を育む

周りの動きに子どもの目が向くようにかかわり、周りに合わせるように誘い、大人もその動きをやってみせます。身近な大人を介すると、子どもの意識が周りにも向きやすくなります。

2 合わせる感覚をもちにくい場合は

早めに着替えを始めさせて周りと同じタイミングで終わるようにするなど、結果的に集団に合った行動になるように、個別の対応をしましょう。周りと自分が「合っている」状況をくり返し経験することで、「合わせる」感覚に気づきやすくなります。

ポイント

過敏さが原因の場合も

たくさんの人がいる場や、集団がいっせいに動く活動をいやがる場合は、目や耳に入る刺激を少なくする対応をします。

- □ 移動は集団より一足先、または集団が動いた後にする
- □ 居場所を集団の一番後ろや部屋のすみにする
- □ 集団での活動は、まず見るだけの参加から始める

就学まで

Q23

なかなか寝ない

夜遅くまで、たたかいです

朝起きるのは早いし、お昼寝もしないのに、夜なかなか寝ません。寝かせようとしても「眠くない！」と遊び続け、布団に入るまで大変です。やっと布団に入っても、いつまでもモゾモゾしていて、出ていってしまうことも多いです。

アドバイス

A

自然に眠りにつけるよう、生活・環境を整えましょう

なかなか寝つけない原因として、①じっとしていられず布団に入っていられない、②見えるものや聞こえるものに敏感で気になる、③心身がリラックスしにくく常に力が入っていることなどが考えられます。無理に寝かしつけようとしてもうまくいきませんので、日頃の生活の中から「夜眠る準備」をしていきましょう。

1 日中の過ごし方

日中十分に身体を動かして適度に疲れさせることを基本に、子どもの緊張や不安を高めないように、見通しのもてる生活や肯定的なかかわり方をすることが大切です。

2 眠るときの対応

リラックスできるようパジャマをゆとりのある大きさの肌ざわりのよいものにしたり、抱きまくらを使ったり、背中を大きくさすったり、手のひらをマッサージしてみたりします。また目や耳から入る刺激を減らすために、おもちゃを見えないところに片づける、テレビを消す、寝室を適度な暗さにする、まだ起きている家族は静かに過ごすなどの配慮をして、眠りやすい環境を整えていきましょう。

就学まで

Q24

好き嫌いがはげしい

料理する気がなくなります

アレルギーはないのですが、白いご飯と、うどんと、決まったメーカーのチキンナゲットしか食べません。チャーハンやカレーなど、ご飯に混ぜたりかけたりすると嫌がります。おにぎりにしたら、具が見えたところで食べるのをやめて、その後はおにぎりを食べなくなりました。

栄養のバランスが悪くて、成長に影響するのではと心配です。

子どもの感じ方に配慮し、食べる意欲と食べ物への関心を育てましょう

好き嫌いのある子どもは多いですが、発達障害の特性があると、好き嫌いが極端にはげしいことがあります。その場合は、①感覚が過敏で食べ物の食感や色などを受けつけない、②初めてのことが苦手で食べたことがないものを口にするのが不安、といった理由が考えられます。大人も困りますが、子どもも食べ物を「不快」「こわい」と感じて困っています。その感覚の理解から始めて、受け入れられる食べ物を増やす工夫を、子どもに合わせて少しずつしていきましょう。

アドバイス

1 食べる意欲を大切に

必要なカロリーと水分をとれることが最優先です。まずは好きなものだけであっても、子どもが食べることを親が喜び、ほめて、食べる意欲を育てましょう。また、家族が楽しい雰囲気で食べると、食事が楽しい営みであると子どもが感じ、家族が食べているものへ関心を広げることにつながります。

2 食べられるものを増やすために

食べられるものに似た食感や色の食材を試してみたり、食べたことのない食材を試すときは1種類を少しだけいつものご飯にそえて、家族も同じものを食べたりしてみましょう。調理法の工夫や栄養のバランスの心配については、乳幼児健診などで栄養士や保健師に相談できます。

就学まで

Q25

席に座っていられない

1人だけ立ち歩いています

小さいときから落ち着きがなかったのですが、幼いのでこんなものかと思っていました。しかし、年中になってもいすに座り続けられず、5分くらいしかもちません。以前よりは減りましたが、保育園で部屋を出ていってしまうこともあるようです。

これから先、小学校に入ることを考えるとこのままでいいのか不安です。

A

子どもにも「わかる」ようにかかわりましょう

活動の際、その場を離れてしまうのは「今何をしているのか」「次に何をすべきなのか」ということがよくわかっていない可能性があります。また、注意が散りやすく、1つのことに集中し続けることが難しかったり、ほかのことに気を取られやすかったりすることも考えられます。

子どもの課題を見きわめ、わかりやすくかかわっていきましょう。

アドバイス

1 するべきことを子どもに理解できるように伝える

全体指示のあとに個別に指示を出す、一度に伝える指示は1つにする、できる限り具体的に簡潔な言葉で伝える、指示の内容が目で見てわかるようにする、などその子どもの理解に合わせたかかわりをしましょう。

2 叱るよりもほめる

してはいけないことをしているときより、望ましい行動をしているときに声かけをするようにしましょう。たとえば少しの時間でも着席していたら「いい姿勢だね」と伝えるなどして、少しでもするべきことに取り組めたらほめてあげましょう。

ポイント

運動や感覚の問題かも？

いすに座っていられないのは、運動の機能や感覚の問題かもしれません。

⇒第２章Ｑ４　32ページ参照

就学まで

Q26

文字を覚えられない

どうして覚えられないの？

６歳を過ぎた頃から、ひらがなを読んでみようとするようになりましたが、まったく覚えられません。ひらがなカードを１枚ずつ見せて読み方を教えても、すぐ忘れてしまいます。もうすぐ小学校に入るのに、どのように教えたらいいのかわからず、学校の勉強が心配です。

一方的ではありますが、おしゃべりは上手で、なぞなぞや数のクイズも得意なのですが……

興味と達成感をもたせ、意欲につなげましょう

小学校への進学が近くなっても文字を読めないと焦りますね。文字を覚えるには、興味と達成感が必要です。子どもが自分から文字に目を向け、読むことを楽しめるように工夫しましょう。

全体発達の遅れがないのに、小学校に入っても学習の中で文字を読むことだけが極端に苦手な場合は、そうした特性に合わせた適切な支援が必要になります。

アドバイス

1 楽しく取り組む工夫を

自分の名前の文字は子どもが興味をもちやすいですし、同じひらがなをさがすゲームなど、楽しみながら文字に注目する遊びをしてみましょう。また、一度に学習するひらがなの数を1、2文字にしたり、まずは「し」や「く」といった形がシンプルな字から取り組んだりすると、達成感をもちやすいです。少しでも興味をもって見たり、読もうとしたら、うまく読めなくてもその気持ちをほめて、意欲につなげます。

2 小学校の学習でも読むことが難しい場合は

文字と音を結びつけられなかったり、文字の形が正しく見えていない可能性もあります。その場合は、文字を読むことに必要な脳のはたらきがうまくいっていないのであって、子どもの意欲や練習量の問題ではありません。そのことを周りが理解し、家庭と学校が連携して、学習のしかたの工夫と子どもの気持ちのサポートをしていきましょう。

就学まで

Q27

学びの場の選び方

いちばん成長できる環境はどこ？

今6歳ですが、発達検査で2歳半くらいの発達と言われました。障害児通園施設では苦手な感覚や見通しに配慮してもらって、穏やかに過ごしています。発達の水準を考えると特別支援学校かなと思いますが、ふつうの子どもの世界と切り離されてしまう感じがします。ふつうの小学校の特別支援学級でもいけるのではないかと迷っています。

A 子どもが自信を育める学びを考えましょう

特別支援学校も、小学校の特別支援学級も、学習面や生活面やコミュニケーションに難しさがあって支援を必要とする子どもが対象ですが、主に目指す学びの内容にちがいがあります。子どもが学校を卒業したとき、子どもなりに自分のできることを身につけ、「するべきことに自分は取り組める」という自信をもって社会に参加することが、学校の学びの目標です。子どもの長い人生を考えて、その目標を実現するのに適した場を、就学先にできるとよいと思います。

アドバイス

判断のめやす

特別支援学校は生活面の自立を主な目的とするのに対して、特別支援学級は個別の配慮をしながら学習教育を行うことを主な目的としています。ですから、①排せつ（トイレ）・食事・着替えなどの基本的な生活習慣を自分でできるか、②ある程度のサポートがあれば先生の話を聞いて学習に取り組めるか、ということが、特別支援学校か特別支援学級かを考えるめやすになります。

就学先についての疑問や心配は、療育など支援を受けている場合は担当者とよく話し合ったうえで、市区町村の就学相談（コラム126ページ参照）で相談をしてください。

ポイント

実際に見ることも大切

特別支援学校や特別支援学級には公開日があって、見学ができます。また、個別の見学の希望に応じてくれる学校もあります。

就学まで

Q28

学校の先生への伝え方

先入観も心配です

発達検査では平均の範囲で、通常学級に行く予定ですが、落ち着きがなく、気持ちをおさえられずに一方的に発言したり手が出ることもあります。学校にも子どもの苦手なことを理解してほしいですが、入学したらがんばってやっていけるかもしれないし、不要な先入観を学校にもってほしくないとも思います。伝えておいたほうがいいのか、伝えるならどう伝えたらいいのか、悩んでいます。

特性の理解が適切な対応につながります

学校では、生まれつきコミュニケーションや感覚に特性があると、子どものがんばりだけではどうにもならない場面も生じやすいです。失敗が続いたり、うまくいかないことを子どものやる気のなさやわがままと思われて叱られたりすると、子どもは意欲や自信をなくしていきます。発達障害の特性を理解されず誤ったかかわりによって起こる「二次障害」は、予防しなければなりません。そのためにも、学校に子どもの特性をよくわかってもらうことが大切です。

アドバイス

1 わかっておいてもらうと安心

学校の先生としても、子どもの行動の理由や対処法をあらかじめわかっていれば、安心して適切な対応をすることができます。入学前に学校に子どもの特性を伝えたことがマイナスになることはありません。

2 就学支援シートを活用する

保護者から直接伝えるには、市区町村で活用されている就学支援シートに記入して学校に提出したり、入学予定の子ども全員が対象の就学児健診で保護者面談がもうけられていたらそのときに相談したりする方法があります。

ポイント

学校に伝える内容

子どもが苦手なこと、トラブルやストレスにつながりやすい環境、家族や園がしてきた対応について伝え、子どもなりにがんばっていることやこれまでに伸びてきた面も理解してもらえるとよいですね。

就学まで

Q29

小学校の環境になじめるか

新しい環境でも大丈夫？

幼稚園では、進級すると新しいクラスの場所やロッカーの位置になかなか慣れず、不安になって意味もなくうろうろしたり、幼稚園に行くのをいやがったりしていました。同じ幼稚園の中で居場所が変わるだけでも大変なのに、小学校というぜんぜん違う場になじめるのか心配です。

A 入学してからの「初めて」「慣れない」を減らす工夫を

初めての場所や人が苦手な子どもでも、意外に学校にすんなりなじめた、ということはよくあります。子どもなりに、小学生になる自覚や、子ども自身の適応力の育ちがあるのだと思います。それでも中には、入学という大きな変化を受け入れにくい子どももいます。学校の環境や生活について、少しでも知っていたりイメージできるように、入学前に準備しておくと安心です。

アドバイス

1 小学校側に協力をお願いする

保育園や幼稚園で、年長時に近くの小学校を見学する取組みをしていることもありますが、変化が苦手な子どもはそういう機会に落ち着いて学校の様子を見るのは難しいかもしれません。学校の協力が得られるなら、入学前に個別に学校をゆっくり見学させてもらえるといいです。

2 自然なかたちでなじむ工夫も

あらかじめ練習やイメージをさせることで、反対に不安が高まってしまう子どももいます。その場合は、入学前から学用品を使ってみたり、通学路を散歩コースにして歩き慣れるようにしてみたりしましょう。

ポイント

子どもの安心を支える

入学を前にすると、保護者も不安になりますが、保護者が“だいじょうぶ”とゆったり見守ってくれることが子どもの安心につながります。

療育とは

発達のゆっくりさやアンバランスさがある子どもに対して、今の発達のうえにわかること・できることを積み重ね、家庭や社会での生きづらさを少なくするための支援です。

療育の役割

大きく分けると2つあります。1つは、子どもに直接かかわり、子どもが苦手なことに子どもなりに取り組み、得意なことを活かせるように支援して、全体的に発達をうながすことです。もう1つは、子どもの発達の特徴が生きづらさにつながらずにすむように、家庭や園や学校などと連携して子どもに合った環境を考えていくことです。

療育を行う機関と専門職

療育を行う主な機関は、児童発達支援センターと児童発達支援事業所です。そのほかに、医療機関や大学の外部向け相談室などでも療育を行っているところがあります。

療育に携わる専門職は、臨床心理士、臨床発達心理士、公認心理師、言語聴覚士、作業療法士、理学療法士、保育士などです。

療育を利用するには

療育は、児童福祉法に基づくサービスの児童発達支援として行われている場合と、それ以外の場合があります。児童発達支援を利用する場合は、障害児支援利用計画を作成し、通所受給者証を取得する手続きが必要です。それ以外の場合の利用手続きはさまざまですので、個別に確認してください。

第2章

その子なりの独り立ちにいたるために

学齢期

学齢期

Q30

給食を食べない

体力や体調が心配です

小学校に入って、給食が始まりましたが、ほとんど食べられていません。担任の先生は、お皿に盛る量を少なくして、無理しなくて大丈夫と声をかけて配慮してくれています。もともと好き嫌いが多いのですが、家では食べられる白いご飯にも、あまり手がつけられないようです。午後の授業は体力がもたないのではないかと心配です。

A

給食に少しずつ慣れるように、子どもが安心できる配慮をしましょう

感覚の過敏さや、慣れないことへの不安が強い特性をもっていると、好き嫌いのほかにも給食を食べない理由があることがあります。家庭と学校で子どもの様子を共有して、原因と考えられることがあれば、学校でできる対応について話し合ってください。給食の場面に慣れてくれれば、少しずつ食べられるようになることも多いです。必要な水分をとれるように気をつけたうえで、大人も子どもも自身も焦らず、無理しないで、ゆったりした気持ちをもつように心がけましょう。

アドバイス

1 原因として考えられること

なじみのない食器、大きな食缶から大勢に配膳する光景、白い給食着の子どもがたくさんいる様子、話し声や食器の音があちこちから聞こえることなどに、不安や圧倒される感じをもつのかもしれません。

2 学校生活のストレスを少なくする

学校生活で緊張や疲れを感じていると、食欲がなくなってしまいます。子どもがとまどったり頑張りすぎていないかを先生に見守ってもらったり、家での様子も見ていって、子どものストレスを少なくする対応も大切です。

ポイント

学校でできる対策を

原因として思い当たることがあったら、学校と相談してできることを探していきましょう。たとえば、給食のときの席を周りの様子が気になりにくい位置にするなど、対応を検討してみてください。

学齢期

Q31

授業中に立ち歩く

たのむから座ってて

1年生の夏休み前の授業参観で、先生やほかの子の発言にいちいち反応して、自分の意見を言いながら席を立って近づいていました。プリント学習の時間に、突然席を離れて教室を1周走って席にもどる、なんてこともしていました。クラスに迷惑をかけて申し訳ないし恥ずかしいです。

アドバイス

A

ルールや課題をわかりやすく伝えてもらえるよう、学校と連携を

子どもが学校で落ち着いて過ごすには、ルールや活動内容を理解し、生活に見通しをもつことが必要です。わかるように伝えてもらうために、学校に子どもの特徴を理解してもらいましょう。

入学という環境の大きな変化で、以前はできていたことができなくなることもあります。子どもが学校に慣れ、学校という場を子どもなりにわかってくると、またできるようになることも多いです。学校と家庭が連携して、適切な対応をしつつ、ゆっくり見守ることも大切です。

1 学校に理解してもらうために

入学前は就学相談や就学児健診での面談などを利用して、入学後は必要に応じて先生と話し合う中で、子どもの特徴を伝えましょう。子どもが人の話や周りの状況をどのように受けとるか、どう伝えれば子どもにわかりやすいかを学校に理解してもらえると、適切な対応につながります。

2 学校での取り組みを家庭でも知っておく

学校で子どもが取り組んでいるルールや課題を家庭でも知っておくと、子どもが身につける助けになることがあります。その場合は、学校でできていないことを叱ったり、家で無理に練習させたりするのではなく、「授業中は自分の席にいるようにがんばってるんだってね」などほめたり励ましたりする声かけをしましょう。

学齢期

Q32

放課後や休日の過ごし方

楽しんで成長できる場がほしいです

入学前は心配しましたが、特別支援学校の通学バスにも乗れて、学校で子どもなりに参加しているようです。

家ではミニカーで遊んだり、ドアノブのかぎを開け閉めしたり、のんびり過ごしていますが、もっとこの時間を有効に使えないかなとも思います。子どもの経験や人とのかかわりを広げる機会をつくってあげたいし、夏休みなどは親の時間もほしいので子どもが通える場があると助かります。

A 子どもが無理せず参加できる場を検討しましょう

放課後や休日の過ごし方は、次の日にまた学校で活動できる力をやしなうことが最優先です。ですから、食事と排泄（トイレ）と睡眠のリズムを整えて、自分のペースで楽しめることと休息を大事にして、親とのかかわりで安心をもらって、ゆったりと過ごせることが大切です。

家庭でそういう配慮をしたうえで、休息以外にも時間を使えるくらいに子どものエネルギーがありそうな場合は、外の活動への参加も検討してみましょう。

アドバイス

1 放課後や休日に利用できる場

放課後等デイサービス（第1章22ページ参照）や、障害のある子どもを対象としたボランティア団体の活動などがあります。子どもが好きなことや興味をもてそうなことを、こうした場で経験できると、子どもの関心が広がったり自信が育ったりすることが期待できます。また、親も子も、つながる人を増やす機会にもなります。

2 リスクも考えて検討を

学校以外に参加する場をつくるのは、子どもが生活リズムや環境の変化を経験して、それに慣れていく必要のあることです。発達障害の特性のある子どもにとっては、大きなストレスになる可能性もあります。そのリスクも十分に考慮して、家庭と学校の生活をくずすことなく子どもが楽しめそうかどうか、見学や体験をして慎重に考えてみてください。

学齢期

Q33

宿題をしない

毎日、気が重いです

学童保育で、先生がどんなに声をかけてくれても宿題をしません。家に帰ってからやらせるのですが、いやがってイライラして、最後は親が言う答えを投げやりに書いて終わらせています。毎日腹が立つし疲れます。

A

〝取り組んだ〟〝終わらせた〟と思える経験を

宿題は、提出するまでの「いつか」「どこか」で自分で取り組まなければいけないものです。ですから、見通しのもちにくさや、切り替えの苦手さがあると、なかなか宿題に気持ちを向けることができません。また、宿題の量やレベルが子どもの集中力や学力に合っていないと、子どもは〝できない〟と感じて、やる気をなくしてしまいます。

宿題にとりかかる意欲と、最後までできた達成感をもてるように工夫しましょう。

アドバイス

1 スムーズに始められるように必要な手助けを

宿題の内容を確認する、ドリルと筆箱を出すといった準備の段階で子どもが意欲をなくす場合は、いっしょに準備する声かけをして手伝ってあげてください。また、宿題が終わったら好きな遊びやおやつの時間にするなど、見通しがもてて宿題に気持ちが向く工夫をしましょう。

2 やるべきことの量を子どもに合わせる

1人で宿題をやりきることが難しい場合は、手伝いながら宿題を進め、子どもができそうな部分は自分でさせるようにして、自分なりに取り組んで終わらせた感覚を大事にしましょう。

ポイント

宿題の手伝い方の例：日記

子どもにはできる範囲で取り組ませます。たとえば、楽しかったことを子どもに聞き、親が書きとったものを子どもに書き写させることも１つのやり方です。

学齢期

Q34

なくし物、忘れ物が多い

消しゴム、これで何個め？

鉛筆や消しゴムを頻繁になくします。学校の手紙や宿題のプリントを持って帰れません。どこかでなくしたこともあります。体操袋を通学路のどこかでなくしたこともあります。授業参観のときに子どもの机の中を見たら、プリント類がぐちゃぐちゃに詰まっていました。時間割は親が用意していますが、どこまで手伝っていいものかと思います。

A

確認のしかたをわかりやすく決めて、習慣にしましょう

発達障害のある子どもの中には、いま目に入っているものや気になっていることにしか注意が向かない子がよくいます。そういう子どもは、机から落ちた消しゴムのことは忘れてしまいますし、もらったプリントを持って帰って親に見せるという先のことを意識し続けることが難しいです。なくし物や忘れ物が、いいかげんな性格ややる気のなさのせいではないことを理解して、子どもが意識できるように、思い出せるように、配慮をすることが必要です。

アドバイス

1 持ち物の管理のしかたを決めて習慣にする

学校での持ち物の管理には、担任や支援員の協力が必要です。机の引き出しに入れるものの置き場所を決め、引き出しの見取り図を机の上に貼るなどしてくり返し確認したり、提出物や持ち帰るものを連絡袋に入れることを積み重ねて習慣にしましょう。

2 次の日の支度が行動のパターンになるように

家庭では、時間割と連絡帳を見ながら次の日の準備をすることを、子どもが行動のパターンとしてできるようになるまで、親がいっしょにしてあげるとよいでしょう。初めは子どもに時間割を読み上げてもらうだけでもいいです。また、子どもの机を整理して、教科書やノートをすぐに取り出したり片付けたりできるようにしておきましょう。

学齢期

Q35

友だちとうまくかかわれない

さびしくないのかな

近所の友だちといっしょに通学していますが、ほかの子たちから少し離れてついていっています。学校での様子を先生に聞いたら、休み時間は1人で本を読んでいるそうです。先生には、いじめなどトラブルはないようなので様子を見ていきましょうと言われました。親としては少なくてもいいから仲よくできる友だちがいてほしいと思います。このまま見守っていいのか心配です。

A

人への関心やかかわり方をサポートしましょう

周りの人が何をしているか、自分が人からどう見えるかといった、人に対する関心が低いのかもしれません。あるいは、人に関心はあっても、どうかかわっていいのかわからないのかもしれません。どちらの場合も、その子に合わせて人とかかわる機会を大切にし、その中でかかわり方の基本のスキルを身につけられるようにサポートが必要です。

アドバイス

1 人に関心が向くように支援する

子どもは、自分の思いに共感される経験と、ほかの子どもの様子に目を向け参加することを大人にサポートしてもらうことで、人とかかわる力が育っていきます。小学校で、こうした配慮をお願いしてみましょう。

2 人とのかかわり方を伝える

人とかかわるときのマナーやスキルを身につけることも大切です。「入れて」「ありがとう」といった言葉や、いやと言われたらやめること、相手とのほどよい距離感などを、子どもの育ちに合わせて伝えていきましょう。

ポイント

無理してかかわらなくても大丈夫

雑談のような目的のない会話やかかわりは、身につけるのが難しい場合もあります。クラスの中で1人でいることやうまく雑談できないことを子ども本人が気にする場合は、休み時間は図書室に行くなど過ごし方を工夫しましょう。

学齢期

Q36

先生に怒られてばかりいる

理由をわかっていません

席を立ったり、忘れ物をするたびに、担任の先生が叱って熱心に指導してくれているようです。しかし子どもは先生の話を聞き続けられなくて、またさらに怒られています。子どもには怒られた気分しか残らないようで、伝わっていないと感じます。

A

先生に子どもの特性を知ってもらいましょう

学校の先生は子どもの専門家ですが、子どものことに一番詳しいのは保護者です。その子どもがどんなことが得意でどんな場面が苦手か、がんばってもできなくて周りの配慮が必要なのはどんな場面か、どのように伝えればわかりやすいのかなど、これまでの育ちの中で見えてきた特性や子どもに合った対応を、小さなことでも担任の先生に伝えて話し合ってみましょう。

アドバイス

1 直接話してわかってもらうことにこだわらない

担任の先生に子どものことを伝えられるか自信がなかったり、話してもうまく伝わらないときには、1人で抱え込まず養護の先生やスクールカウンセラー、特別支援教育コーディネーターの先生などに相談してみるといいでしょう。対応をいっしょに考えてくれたり、子どもに必要な対応を担任に伝えてくれたりする場合が多いです。

2 家庭で子どもに肯定的にかかわる

学校で怒られることが多いと、子どもが自信を失っていくかもしれません。子どもなりに学校でがんばっていることを家庭で認めて、苦手なところをもっていることも含めて、あなたはあなたでいいと伝え続けましょう。

学齢期

Q37

学童保育所（放課後児童クラブ）でトラブルが多い

迷惑ばかりかけています

放課後に学童保育所を利用していますが、ものを投げたり、ロッカーにのぼったり、ちょっとしたことで手が出たりしています。指導員さんが止めてもますます興奮してしまいます。親が仕事をしていて、子どもだけで留守番はまださせられません。学童保育所にお願いするしかないのですが、指導員さんやほかの子たちに申し訳ないです。

A

状況をふまえ、学童保育所以外の選択肢も検討しましょう

学童保育所は、学校生活を終えて「帰ってくる」ところですから、家庭と同じように自分のペースでのびのびと過ごしたいでしょう。でも、その〝のびのび〟がトラブルの形で出てしまう子どもは、「がまんしなさい」「周りを考えて行動しなさい」と言われても、放課後の時間にまでがんばり続けることが難しいかもしれません。子どもの特性を理解した学童保育所でのかかわりや、それが学童保育所では難しいならほかの居場所が、あるとよいでしょう。

アドバイス

1 入所前に相談を

入所する前に、見学や指導員の先生との面談をして、あらかじめ子どもの特性を伝えて理解を共有し、かかわり方や支援のしかたをいっしょに考えることが望ましいです。学童保育所の運営主体によっては、加配の指導員をつけるなど、支援の体制を整えてくれる場合もあります。

2 放課後等デイサービス事業の利用も検討

学童保育所は、多くの場合、同じ空間にたくさんの子どもが集まって過ごす場で、感覚の過敏さや衝動的に動く傾向がある子どもにとっては、ストレスやトラブルにつながりやすい環境です。放課後の居場所としては、障害のある子どもを対象にした放課後等デイサービス（第1章22ページ参照）もあります。利用を考える場合は、できればいくつか見学して、子どもに合ったところを選びましょう。

学齢期

Q38

困っても伝えられない

1人で困っていたと思うと切ないです

学校で書きまちがえた字を手でこすったようで、ノートが真っ黒になっていました。子どもに聞いたら、消しゴムを家に忘れたということでした。

給食の牛乳を服にこぼしたときや、転んで大きな傷ができたときも、誰にも伝えず、先生や親が気づくまでそのままでした。

困ったときは先生や友だちに言えば助けてもらえるよ、と何度も言ったのですが、それができません。

A

「誰かに知らせる」ことができるように準備しましょう

困ったときに人に伝えられない理由としては、①「消しゴムがない」「牛乳で服がぬれた」という出来事は理解していても、「それで自分が困っている」という自分の状況を意識できない、②「困った」と思っていても言葉で説明できない、③困っている状況を言葉で表現する力があっても、人に伝えたら解決するというイメージをもてない、といったことが考えられます。

実際の場面では、①から③のどれが理由で言えないのかわからないことが多いので、あらかじめ困っていることを知らせる相手と方法を決めて練習しておくことが大切です。

アドバイス

1 伝える方法を工夫する

ともかく先生のところに行く、合図に使うカードを机に置くようにして困ったら赤色の面を出す、などあらかじめどうするかを決めておき、練習します。子どもが知らせたらほめて、困りごとの内容を確認し、解決の手助けをしましょう。

2 言葉にする練習を

簡単な文でいいので、場面と気持ちを結びつけて言葉にする練習を、家庭や学校でサポートしてあげましょう（「忘れ物をして困った」「友だちにダメと言われてイヤだった」など）。

いざというときに必要なコミュニケーションをとれるように、これらの対応を学校に入る前から積み重ねておくと安心です。

学齢期

Q39

体育や図工が苦手

ほかの子との差が大きいです

小さい頃から不器用ですが、おはしや鉛筆は困らない程度に使えるようになりました。でも、学校では学年が上がるにつれてますます複雑な動きが求められます。体育では、なわとびやボール運動が特に苦手です。図工では、工作でとても苦労しているようです。授業参観が体育や図工のときは「来なくていい」と言います。

これから図工で彫刻刀を使ったり、家庭科が始まって針でぬったりするので、とても心配です。

A

苦手なことと上手に付き合っていきましょう

全身の運動や手先を使う作業には、自分の身体の位置や動き方を感じ取ったり、身体のいくつかの部分を協力させて動かしたりすることが必要です。これは運動にかかわる脳の神経が適切にはたらいてくれるかどうかの問題なので、子どものがんばりだけではどうにもなりません。

不器用であっても、将来の生活に必要な動作ができるようになれば大丈夫です。それを目標にして、課題の内容への配慮と子どもの気持ちのサポートがあるといいでしょう。

アドバイス

1 子どもに合わせた課題の設定を

身体を動かす経験を重ねて運動の感覚を育てることも大事ですが、不器用さの程度が大きいと年齢相応の水準に追いつくことが難しいこともあります。その場合は、学校で個別の配慮をしてもらうことが望ましいです。たとえば、体育ではスモールステップで個別目標を立てて達成感をもたせる、工作で作る作品をシンプルな作業でできるものにする、といったことが考えられます。

2 子どもの気持ちをサポートする

大切なのは、体育や図工の苦手さを克服することではなく、苦手なりにも楽しめることや、自分なりにがんばったと肯定できることです。そうした思いを子どもがもてるように学校や家庭がかかわることが、何より必要です。

学齢期

Q40

特別支援学級に移る選択

進路に影響しないでしょうか

通常学級に在籍して、通級による指導を週に2時間受けています。子どもに合わせて教えてくれる通級の時間は、落ち着いて学べているようです。それでも勉強についていけず、気持ちも行動も不安定です。学校から、特別支援学級に移ることを提案されました。特別支援学級で、通級のような細やかな支援を常に受けられるならそれがいいのかなと思いますが、将来にマイナスになることがないか心配です。

A

子どもの生きる力が育つように、学びの場を考えましょう

子どもの学年の学習内容がわかることは、学校での学びで目指すことの1つのめやすです。でも、学ぶ目的はそれだけではありません。子どもが社会に出るまでのもっと長い目線で考えれば、身につけるべきなのは、与えられた課題に取り組み子どもなりにこなせること、子どもが「わかった」「できた」「認められた」経験を通して「自分は自分でいい」と思う気持ちをもてること、身体と心の調子が安定して毎日活動できること、です。これらのことができていれば、今はその人に合わせて学んだり働いたりできる場が、社会の中に用意されています。

アドバイス

1 家庭と学校でよく話し合う

学校教育では、それぞれの子どもに合わせた学びができるように、さまざまな体制が整えられてきています（コラム126ページ参照）。子どもが課題に前向きに取り組み、がんばったことが報われる体験を積み、周りにも認めてもらえるにはどういう環境で学ぶのがいいのか、家庭と学校でよく話し合うことが大切です。

2 子どもの状況に合わせて柔軟に検討を

小学校で特別支援学級に在籍しても、それが理由で進学や就職の選択肢がせばまることはありません。子どもの得意な部分を伸ばしたい場合などは、特別支援学級での個別の対応について確認したり、家庭や習い事で補う対応を考えてみてください。

学齢期

Q41

習い事をさせたい

得意なことを応援したいです

体育や図工が苦手だったり、友だちとうまくコミュニケーションできなかったりはしますが、勉強はできるほうです。本を読むのが好きで、１人で英会話のテレビをじっと見ていたりするので、習い事で得意なことを伸ばしてあげたいと思っています。新しい環境に慣れにくい子ですが、習い事を考えるのにどういうことに気をつければいいか知りたいです。

A

生活の中に無理なく組み込めるかを検討しましょう

得意なことや好きなことといった子どもの「強み」は大事にしていけるといいですね。また、習い事の場での人とのかかわりが子どもに合っていれば、充実した人間関係をつくる機会になり、家の外の世界とつながる道を増やすことにもなります。

ただ、習い事を始めるのは子どもにとって大きな変化です。子どもに無理がないように、慎重に検討しましょう。

アドバイス

習い事を考えるうえで気をつけること

習い事を始めると、新しい場や人に慣れなくてはいけません。また、習い事のある日は、１日の生活のリズムをつくり直す必要があります。そういったことが苦手で、疲れがたまってしまうと、いちばん大切な家庭と学校の基本の生活がうまくいかなくなる恐れもあります。

そうした可能性も考えたうえで、子どもに合いそうな習い事があれば見学や体験をしてみましょう。

ポイント

継続して見守りを

発達障害のある人は、自分の疲れに気づきにくかったり、疲れたと思っても一度始めたものをやめられなかったりすることがあります。習い事を始めてからも、子どもの様子を細やかに見守ることが大切です。

学齢期

Q42

学校から帰ると家で荒れる

親も動揺してしまいます

特別支援学校は、行きしぶりもなく毎日登校しています。学校では落ち着いて過ごしているようです。でも、学校から帰ると別人のように不安定になって、周りのものを蹴ったり、テーブルの上のものを払い落としたりします。イライラが行動に出ると手がつけられなくて、本当に困っています。

A

家庭と学校で子どもの様子の共有を図りましょう

学校では〝いい子〟なのに、家では親の言うことを聞かなかったりわがままばかり言う子どもは、よくいます。親は自分を丸ごと受け入れてくれる存在だと信じているからです。でも、このケースのように家での荒れ方がはげしい場合は、その背景にある子どもの気持ちを考えて対処しなければなりません。考えられる背景としては、①学校でのストレスが大きすぎる、②学校より家庭のほうが見通しが立ちにくい環境で不安になる、といったことがあります。

アドバイス

1 学校でのストレスを減らす

学校の環境や課題が子どもの特性に合っているか、子どもががんばりすぎている様子はないか、見直してもらえるといいです。子どもの様子を共有し、子どもに対する理解を家庭と学校がいっしょに考えて深め、対応につなげていくことが大切です。

2 学校を参考に家庭環境を見直す

特に、特別支援学校の場合、障害のある子どもにわかりやすく見通しをもちやすいように、生活の流れや声かけのしかたなどいろいろな面で配慮がされています。家庭ではそこまで一貫した対応が難しいこともあって、その違いが、家では荒れるという状況につながっているのかもしれません。この場合も、学校の先生と子どもの様子について話し合い、家庭でできる工夫をいっしょに考えると、よい対応が見つかると思います。

学齢期

Q43

中学校への進学

子どもの可能性を伸ばしたいです

小学校3年生のときに通常学級から特別支援学級に移りました。また、病院でADHDの診断を受けて服薬するようになりました。6年生の今では、日にもよりますが、ずいぶん落ち着いて学校に通っています。進学予定の中学校には特別支援学級がありますが、通常学級でもがんばれそうな気がして、迷います。

A

その先の進路についても理解したうえで選びましょう

学校で学ぶ場を選ぶときに大切なのは、身体と心の調子が安定して、子どもの理解の育ちに合わせた課題に取り組める環境です。ただ、中学校で通常学級と特別支援学級のどちらに在籍するかは、進路の選択にかかわってくることがあるので、その点も理解したうえで判断しましょう。

アドバイス

1 高校進学を考える場合は必要な情報を得る

高校を受験する場合、成績評価や学校での活動を記録した調査書を中学校に作成してもらって、高校に提出します。調査書には、教科ごとの成績（評定）が記されます。この評定は、通常は5段階の点数で表されます。しかし、特別支援学級に在籍している場合は、点数でなく記述で表されたり、点数がついていても低くなることがあります。そうすると、受験の評価に評定点（内申点）が使われない高校や、使われてもあまり重視されない高校を探す必要があります。

調査書の評定の書き方は都道府県によって異なり、高校の受験事情も地域によりさまざまです。学校の先生や教育委員会に相談して確認してください。

2 子どもの心の元気を最優先に

選べる高校を増やすために通常学級でがんばった結果、子どもが自信を失ったり、心身の調子を崩したりしては元も子もありません。子どもに合った今の学び方とこれからの進路をつなぎ合わせて考えて、子どもがもっている力を発揮して生き生きと過ごせる場を選べるといいと思います。

学齢期

Q44

交友関係が心配

子どもを疑う自分もいやです

小学校のときは学童保育を利用していました。中学校に入り、下校すると家に1人でいるようになって、親が仕事から帰るまで何をしているのかわかりません。友だちとどこかに出かけて、お金を使っている様子もあります。子どもに聞いてもうるさがって答えません。どういう友だちとどんな付き合いをしているのか、いっしょによくないことをするのではないかと心配です。

A

「悪いこと」に流されない心の土台を育てましょう

子どもがどのような友だちとつながるかは、子どもの自由です。そのつながりが、トラブルや非行行為に結びつかなければいいのです。子どもが自分を大切に思う気持ちや、自分にはできることがあるという自信をもてないと、「いっしょに悪いことをする」というわかりやすい連帯感に向きがちです。そうならないためには、子どもの様子や行動を認めたり感謝したりすること、子どもの喜びや快適さを大事にしたいという気持ちを家族が示すこと、そしてよくないことは子どものためによくないときちんと伝えることが大事です。

アドバイス

1 当たり前のことで十分

「気をつけていってらっしゃい」「かぎ閉めてくれてありがとう」「困ったときは言って、何とかなるから」などさりげない声かけや、子どもとゲームや外出をしていっしょに楽しむ誘いをしてみるのもいいでしょう。

2 子どもの居場所をつくる

各地に無料塾や子ども食堂など、学習支援や生活支援の場が増えてきています。近くにそうした場があれば、安心できる居場所になるかもしれません。

ポイント

お金の管理も大切

子どもが余計なお金を持つと、よくないことに使ったり、被害者になる可能性もあります。おこづかいを決める、家のお金を子どもが持ち出せるところに置かないなど、家庭でお金の管理を確実にするようにしましょう。

学齢期

Q45

性教育

大事なことでも話しにくい

最近、いっしょに出かけたときに、女性をじっと見ることが多くなりました。身体も大きくなり、もう子どもではないと感じます。女性に興味をもつのは子どもの育ちとして自然なことだと思うのですが、女性の身体に触れてしまったりしないかと心配です。男女の性についての知識と、していいことといけないことの判断を、どのように伝えればいいでしょうか。

A

人とかかわる際の基本的なルールを教えていきましょう

異性に関心をもつようになるのは、子どもの健康な成長の１つの表れです。異性を含めて、人とかかわる際の基本のルールやマナーを教えるようにしましょう。こうしたルールやマナーは、思春期になってからではなく、子どもが小さい頃から伝え続けることが大切です。

また、障害の状況にもよりますが、できれば思春期までには自分の身体を自分でケアできるように、お風呂で自分の身体をきれいに洗えるように教えましょう。

アドバイス

1 人とかかわる基本的なルール

・近づきすぎない、むやみに触れない

・下着で隠れる部分は「身体の中でもとても大事」であり、見たり触ったりしてはいけない

・自分の身体も同じように人に見せたり触らせたりしない

2 男女の身体や性について

学校でどのような性教育をしているかを先生に聞いたり、子どもや障害のある人向けの性についての絵本を参考にしたりして、子どもの理解に合わせて正しい知識を伝えるようにしましょう。

ポイント

自分も他人も尊重する心を育む

子ども自身も、周りの人も、みなそれぞれに大切な存在であること、大切な存在である一人ひとりが、自分の身体を大事にし、人の身体も大事にしなければならないことを、幼いうちからの子どもとのかかわりの中でくり返し伝えていってください。

学齢期

Q46

いじめられる

守ってあげるためには？

進級したクラスで、体育のグループ分けでどこにも入れてもらえなかったり、委員会決めで仲間はずれにされたようです。担任の先生に相談したら、学級活動で「人の気持ちを考えて行動する」という話し合いをしてくれましたが、状況は変わりません。最近は、インターネットの掲示板で子どものことを指していると思われる冷やかしの書き込みがあって、子どもがショックを受けています。

A

子どもの気持ちを最優先に、頼れる相談先と連携しましょう

いじめは誰もがターゲットになる可能性がありますが、発達障害があると、人とのかかわり方や行動の仕方が「ちょっと違う」と周りから思われ、いじめにつながることもあります。

相手を傷つけるいじめは許されない、という家庭や学校での教育が第一ですが、いじめが起きてしまったときは学校に相談して状況を確かめ、いじめを解消する対応をしてもらいましょう。

アドバイス

1 障害の特性がいじめにつながっている場合の対応

子どもの「ちょっと違う」特徴がいじめの理由と思われる場合は、どんな個性も大切という視点で、いじめる側に子どもの特徴を理解できるように伝えることが必要です。その際には、子ども自身が何をどう伝えてほしいかを家庭と学校が確認したうえで対応するようにします。また、周りに受け入れられやすい行動の仕方を子どもに教えることで、周りとの関係がスムーズになることもあります。

2 子どもの気持ちに寄り添いつづける

いじめがすぐに解決しないことや、解決しても子どもの不安や怒りが長く残ることもあります。家族が子どもの思いを受けとめて、安心できる居場所でありつづけると、子どもは心強いです。

ポイント

いじめの相談先

担任の先生のほかに、学校内では養護の先生やスクールカウンセラー、学校外では文部科学省や自治体が設置している電話相談、教育委員会の相談窓口もあります。

学齢期

Q47

登校をしぶる

親も不安です

　ゴールデンウィーク明けから朝起きてこない、朝食が進まないといった様子があり、体調が悪いと言ってときどき学校を休んでいました。2学期になってますます登校しぶりが強くなり、休みも増えています。クラスでいじめがあったり、体育のダンスの授業を苦にしていたり、生理が始まったりと、学校に行きたくない理由はいろいろ思い当たるのですが、休ませていいのか、励ましたほうがいいのか、迷います。

A

子どもの気持ちを確認してから対応しましょう

生活面を整えることで登校できることも多いですが、生活面が問題なければ、子どもに理由や気持ちを聞いてみましょう。子どもが話さないときは、学校に子どもの様子を確認します。家庭と学校とのやりとりは、原則として子どもに内容を伝えるようにします。子どもがどうしても学校側に言ってほしくないことは、その気持ちを大事にしつつ、必要なことは子どもの納得を得て伝えられるように、言い方や学校側の対処のしかたに配慮します。

アドバイス

1 子どもの状況を尊重して

学校に足が向かないのは、子どもなりに何か自分をおびやかすものから自分を守る手段であることが多いです。そういう場合は、しっかり守って自分を立て直し、心のエネルギーを増やすことも必要です。

2 選択肢を広くもつ

通常の登校は難しいけれど、安心できる環境であれば出ていけそうな場合は、保健室登校、放課後登校、適応指導教室の利用といった選択肢もあります。

ポイント

生活と気持ちのサポートを

学校を休む場合、その間に生活リズムが乱れないよう、子どもが学校に行けない自分をだめだと思わないよう、サポートすることが大切です。

学齢期

Q48

ゲームをやめられない

悪循環を止められません

最近、オンラインゲームにはまってやめられません。やめさせようとすると怒って、どなったりものをこわしたりします。夜ずっと起きているようで、朝起きられず、学校はほとんど毎日遅刻です。スマホの契約を解除しようかとも思いましたが、スマホが使えなくなったときにどれほど荒れるだろうかと考えると、こわくてできません。

A

楽しみを共有する時間をつくり、ゲーム以外の過ごし方を増やしましょう

ひとたびゲーム依存の状態になると、そこから抜け出すのは簡単ではありません。そのため、予防が重要です。予防の対策は、子どもが小さいうちから継続して行っていくことが大切です。

ゲームに依存する要因としては、過集中、興味の範囲が狭い、やるべき課題をうまくできていない（成績が低いなど）、自己肯定感が低いといったことがあります。発達障害の特性があると、こうした要因にあてはまりやすいです。依存の状態になってしまったら、子どもとのかかわり方や生活の面からサポートをして、ゲーム以外の過ごし方を少しずつできるようにしていきましょう。

アドバイス

1 基本的な対応

生活リズムを整え、家族と食事や外出や料理など、人と楽しく過ごす時間をつくりましょう。

人と過ごすことが苦手な場合は、終わりがはっきりしているパズルや模型といった遊びで子どもが好むものを見つけ、オンラインゲームの時間を減らしていくのも1つの方法です。

2 ゲーム依存の予防は小さいうちから

テレビやゲームは、時間帯や時間制限のルールを決めて、家族全員で守るようにします。ゲームは家族といっしょにする遊びにして、「家族と楽しむもの」と位置づけてもいいでしょう。また、ゲーム以外に、子どもが人から認めてもらえる活動や楽しめる遊びをもつことも大切です。

学齢期

Q49

高校への進学

楽しく通えるところはどこ？

中学2年生のとき学校に行きたがらず、後半は欠席や保健室登校でした。3年生になって別の中学の通級指導教室に週1日通うようになり、在籍校のクラスにも登校できています。高校で環境が変わり、また不登校になるのが心配です。毎日楽しく登校できる、そんな高校選びをどのようにすればいいのかと思います。

A

子どもの希望と特性に合った選択をしましょう

高校は、学ぶ時間帯や方法によって全日制、定時制、通信制、学ぶ内容によって普通課程、総合課程、専門課程、教育課程の区分によって学年制と単位制に分類されます。

同じ分類の高校でも、それぞれ学校の雰囲気や学内活動への取り組み方がちがいます。子どもがどんなことを学びたいのか、どのような学校生活を送りたいのか、子どもの希望を軸にして、子どもの特性に合った環境の高校を探しましょう。

アドバイス

1 積極的に情報収集を

中学校の先生から高校についての情報を教えてもらったり、一般の人が入れる行事や公開日に子どもといっしょに高校を見学したりして、子どもが過ごしやすくて学ぶ意欲をもちやすそうな高校を選べるといいです。

2 高校以外の選択肢も

中学校卒業後の進路には、一般の高校のほかに、特別支援学校の高等部や就職などがあります。本人の希望と納得を最優先に、担任や進路指導の先生とよく相談してください。

ポイント

通級による指導

2018年度から、高校に「通級による指導」が取り入れられました。設置されている高校はまだ少ないですが、今後増えていくと思われます。子どもが受験するときの地域の高校の状況について、情報収集するようにしてください。

特別支援教育

特別支援教育とは

子ども一人ひとりが教育上必要としていることをとらえ、もっている力を高め、生活や学習でうまくいかないことを改善するため、適切な指導と必要な支援を行う教育です。障害のある子どもが自立や社会参加に向けて自分で考え取り組むことを支援するという視点に立っています。

特別支援教育を行う場

障害のある子どもの就学先としては、特別支援学校と通常の学校があります。通常の学校では、特別支援学級に在籍する場合と通常の学級に在籍する場合があります。

特別支援学校は、障害の程度が比較的重い子どもに、専門性の高い教育を行う学校です。特別支援学級は、個々の子どもに応じた教育を行う少人数の学級です。通常の学級に在籍する場合は、通常の学級の中でも障害への配慮が行われるほか通級による指導の制度があります。通級による指導では、障害の状態に応じて、特別な場での指導を週1〜8単位時間行います。特別支援学校や特別支援学級に在籍する子どもには、通常の学校や学級と交流する機会が設けられています。

就学相談

特別支援学校、特別支援学級、通級による指導を希望または検討する場合は、入学予定の学校がある市区町村の教育委員会で就学相談を受ける必要があります。この相談の中で、教育委員会が十分に情報提供をし、子どもや保護者の考えをできる限り尊重したうえで、子どもの特性をふまえてもっとも適した学びの場を判断します。

第2章

その子なりの独り立ちにいたるために

学齢後

学齢後

Q50

高校（高等部）卒業後の進路

〝子どもに合った〟選択を

特別支援学校の高等部になって、学校外の職場や事業所での現場実習が始まり、本人はかなり戸惑うことが多いようです。仕事選びにつながるような本人の好きなことは、特に思い当たりません。卒業後の道をどう選んでいけばいいのか、今何をしておいたらいいのかと思います。

A

やるべきことに取り組み、働き続けられることが大切です

発達障害のある子どもが中等教育（中学・高校）を終えた後の進路は、進学、一般の職場への就労、就労や日中活動を支援する障害福祉サービスの利用などさまざまです。

子どもが自分で通い、働き続け、自分なりの生活を実現することが一番の目標ですので、しっかり現状を把握し、無理のない選択をするようにしましょう。

アドバイス

1 進路を考えるポイント

卒業後の進路については、①本人の意思が尊重される、②無理しないで続けられる、③家族みんなで応援していることを本人に伝える、の3つが大切なポイントです。これらのポイントを学校と家庭がいっしょに確認して、学校での指導計画を立ててもらい、進路を選んでいけるといいです。

2 基本を押さえる

身体と心が安定して活動の場に出ていける、ルールを守って行動できる、やるべきことに取り組めるといった基本的なことが重要です。子どもが幼いころから、生活リズムを整えたり、していいことと悪いことを理解したり、やってみたことができたという成功体験を積んだりすることが大切です。

学齢後

Q51

大学に進学させたい

無理をさせすぎ？

単位制の高校に進学して、子どもなりに充実して過ごしています。勉強は好きで、学校では成績がいいほうなので、先生方にも認められています。高校選びで背伸びをしなかったのが、よかったかもしれません。

できれば大学に進学させたいのですが、大学で自分で科目を選択したり、友だちとかかわったりできるのか心配です。

A

本人の意思を尊重しつつ、本人にとってプラスになるか判断しましょう

大学に入るメリットは、専門の学びを深めたり、卒業すると学士という資格を取得できることですが、親がどうさせたいかよりも本人がどう思っているのかが大切です。本人が大学進学を希望して、それが本人にとってよさそうだと思われれば、今は「障害があるから大学に行けない」ということはありません。

一方で、大学という環境が本人の特性に合わない可能性もあります。そのリスクも含めて、本人にとってどうなのかをよく考えることが大事です。

アドバイス

1 高校までと違う大学の環境

大学は多くの場合は高校までとちがって、あらかじめ決まった時間割や固定の教室があるわけではなく、自分で判断して行動しなければならないことが多くなります。そうした環境の変化から、大学になじめず、今まで築き上げてきた自信や社会参加が崩れてしまう可能性はあります。

2 正確な情報を得る

文部科学省から、障害のある学生が大学に進学するための支援について、大学に対応を求める報告も出されています。オープンキャンパスなどを利用して、大学の相談窓口や支援内容の情報を知ることができます。

学齢後

Q52

就職先への障害の開示

本人の希望もあるけれど

来春に通信制の高校を卒業予定で、電気機械関係の会社に就職が内定しました。言われたことを忘れてしまったり、一方的に話したりすることは今でもあります。これまでは周囲が障害の特性を理解して対応してくれていました。でも、本人は就職先に障害のことを伝えたくないと言います。知っておいてもらったほうがいいと思うのですが、本人の希望も大事にしたいです。

A

無理なく働き続けられることを最優先に考えましょう

障害があることを打ち明けるかどうかは、一人ひとりの状況に応じて慎重に考える必要のある問題です。障害があることを伝えずに働いている方も少なくない一方で、障害について打ち明けたことをきっかけに、周囲との理解が深まり、働きやすくなったという方もいます。

本人の状態に合わせて検討し、判断がつかなければハローワークや地域障害者職業センターに相談してください。

アドバイス

1 しばらく様子を見ることも選択肢

困りごとがまだ限定的な場合は、障害について伝えずに働いて、しばらく様子を見てみるのも選択肢の1つです。

2 安心できることが第一

困りごとが大きく、周囲から理解や配慮を得られたほうが安心な場合は、障害があることを伝えて、障害者雇用枠で働くことも検討するとよいでしょう。障害のことを伝えるのに抵抗がある場合は、まずは仕事でのつながりが多い人や直属の上司などから話をしていくと、比較的話しやすいかもしれません。

ポイント

障害者雇用

会社は障害のある人を一定の割合雇わなくてはならないという法律があり、障害を開示することで就職しやすくなる場合があります。

学齢後

Q53

子どもに合った仕事を探すには

就活、どうすれば

学生への支援が手厚い大学に入って、本人なりに充実して過ごしてきました。3年生になって就職を考える時期なのですが、その場に合わせたコミュニケーションとか急なことへの対応とか、社会人として求められることが苦手です。本人は英語を使える仕事をしたいようですが、本人に合った仕事が見つかるのか心配です。

A

自分らしく働ける職場環境が大切です

誰にでも言えることですが、もっている能力を活かせて、達成感を得られ、無理がかかりすぎない仕事であることが大切です。

職場の環境が特性に合わなければ、仕事を続けることが難しくなります。感覚の過敏さや対人関係の難しさなどの苦手なことに直面せず、本人の能力を活かせる環境が必要です。そうした環境で働くために、仕事の内容と、本人の特性に対して職場の理解を得られるかをよく確かめましょう。

アドバイス

1 就職についての相談先

大学には学生の就職を支援する体制があります。指導教員や就職支援の担当課に相談したり、学生相談室を利用したりして、就職についての情報を得ていっしょに考えることができます。障害に関して支援を受けている場合は、その担当者にも意見をもらいましょう。

2 子どもの強みを見つけ、活かすかかわりを

発達障害のある人は、自分で自分の強みに気づくことが難しいことが多いです。小さい頃から、子どもが好きなことや得意なことを周りが見つけ、引き出し、活かすかかわりをしてあげてください。子どもが自分自身を良しとする気持ちが育ち、将来の仕事にもつながっていきます。

学齢後

Q54

仕事が長続きしない

やる気が実りません

最初に就職した会社では、仕事がなかなか覚えられなかったり、基本的なあいさつや返事のしかたがうまくできなかったりして、叱られることばかりだったようで、3か月でやめてしまいました。その後、求人を探して自分で応募して働くのですが、どれも長続きしません。学校を卒業すると、誰に相談していいのかわかりません。

A

本人の気持ちを支え、就職を支援する仕組みを活用しましょう

安定して働き続けるには、本人の特性を理解してくれる人がいて、得意分野を活かせて、能力以上のことや苦手なことを求められない職場であることが必要です（第2章Q52　132ページ参照）。仕事が続かない場合は、職場がそうした環境でなかったと考えられます。学校を卒業してからも、障害のある人の就職を支援する仕組みがあるので、それらを活用していきましょう。

アドバイス

1 気持ちを支えるかかわりを

発達障害の特性があると、心が傷つく経験をしたときに、その記憶や気分を引きずりやすい傾向があります。退職をくり返すことは、ダメージが大きい経験です。周りが本人を責めず、気持ちを切り替えられるようにかかわることが大切です。

2 卒業後の相談先

就職に関する支援を行う機関には、ハローワークや地域若者サポートステーション、就労移行支援事業所などがあります（第1章22ページ参照）。

療育手帳や精神障害者保健福祉手帳をもっていたり、医療機関の診断書・所見書があったりすると、自分に合った支援の利用や就職先の選択に役立つことがあります。

学齢後

Q55

引きこもり

どうしてあげたらいいか……

大学卒業後についた仕事をがんばっていたのですが、4年目に急に仕事に行かなくなり、退職してしまいました。それからは自分の部屋でパソコンを見ているかベッドに横になっています。食事とお風呂のときは部屋を出てきます。引きこもるようになった理由や本人がどうしたいかは、聞いても話してくれません。

このまま外に出られないのではないかと不安です。

A

本人の気持ちに寄り添って、焦らずかかわりましょう

引きこもりは、エネルギーを蓄えたり、自分を守るために外の世界から身を引いたり、自分のペースをつかみ直したりするための行動であり、引きこもる必要があって引きこもっているケースが多いです。

引きこもりへの対応で必要なのは、自分に否定的な気持ちになったり生活が乱れたりして悪循環を生まないことと、引きこもる必要をなくしていくことです。

アドバイス

1 安心できる環境を

家族が本人の気持ちと今の状況を受け入れ、安心できる家庭の環境をつくって、生活のリズムを崩さないように気をつけてゆっくり休めるようにすることが大切です。

2 つながりが断ち切られないように

本人のエネルギーが増えてきたら、家事など少しでも役割をもち、好きな活動を楽しんだり、近くの引きこもり地域支援センターなどで相談してみるといいでしょう。

ポイント

焦らない、抱え込まない

また外に出られるようになるまでには、時間がかかることも多いです。家族も本人もゆったりと前向きに過ごしていけるよう、抱え込まずに相談してください。

学齢後

Q56

発達障害と犯罪

関係があるのでしょうか？

中学の頃までは、急に手が出たり暴れたりすることが多く、将来どうなるのかと不安でした。今でもかっとしやすいですが、人に手が出ることはなくなり、子どもなりに成長を感じます。

ところが最近、傷害事件を起こした人が発達障害の診断を受けていたというニュースがありました。発達障害と犯罪がつながりの深いものであるように報道されていて、腹が立つのと、以前の不安がよみがえってくるのとで、何とも言えない気持ちになりました。

A 発達障害があると犯罪を起こしやすいという傾向はありません

犯罪心理学という学問で、発達障害などの精神障害と犯罪との関係について、たくさんの研究がされてきました。その結果、発達障害があると犯罪を起こしやすいという傾向は「ない」と明らかになっています。発達障害がなくてもごく一部の人が犯罪を起こすように、発達障害があって犯罪を起こす人もごく一部います。その割合に変わりはありません。

アドバイス

1 子どもが犯罪と結びつかないために

発達障害があってもなくても、子どもが犯罪に結びつかないために大切なことは同じです。家族の関係がそれなりに安定していること、家族が子どもに肯定的な思いを向けること、子どもが自分に対して「これでいい」や「なんとかなる」と思えること、子どもにとって信頼できる人がいること、です。

2 全体としてまあ悪くないと思える程度で十分

発達障害の子どもをもったことで、家族が力を合わせ、「この子がいたから円満」という家庭もたくさんあります。考え方、気持ちのもち方が大切な部分が多いのではないでしょうか。ときに否定的になることがあっても、全体としてまあ悪くないと思える程度で十分です。そうした環境を整えたうえで、お子さんを信じてあげてください。

学齢後

Q57

余暇の過ごし方

世界を広げてほしいです

大学を卒業して就職した会社を急に退職し、ひきこもりの状態が続いていましたが、買い物や美容院など、ふだんの外出はできるようになりました。今はパソコンを使って在宅で仕事もしています。

自分のペースでの生活はだいぶ安定したので、できれば、家の外で人とかかわったり、楽しめる活動をする機会があったらいいなと思います。

A エネルギーを充電し気分転換になる過ごし方を考えましょう

余暇は、仕事などの日中活動に使うエネルギーを充電するための大事な時間なので、ゆっくり休んだり、気分転換することが必要です。好きなことに時間を使うのも大切な余暇の過ごし方ですが、大切なのは疲れすぎないことです。特に、感覚の過敏さや、人とかかわることの苦手さがある場合は、活動の場の環境や活動内容が本人に合うかを検討してください。そのうえで、気分転換になる余暇の過ごし方を探しましょう。

アドバイス

子どもの〝好き〟を大切に

小さい頃から、子どもが好きなことや、興味をもつことや、ホッとできる過ごし方を、周りが理解して大事にしてあげると、大きくなってから本人に合った余暇の過ごし方につながることも多いです。

ポイント

余暇の過ごし方の参考例

□自分のペースでできて、人とのかかわりが少ない活動

近くの図書館や博物館に出かけてみる、お菓子づくりをする、近所を散歩して身近な自然を写真に撮ってみる、など

□人との交流を広げたい場合

障害のある人の余暇を支援する地域の福祉サービスやボランティア事業などを見学してみて、合うものがあれば利用する

□１人で外出することが難しかったり、移動手段に困る場合

外出をサポートする福祉サービスを利用する

学齢後

Q58

親元からはなれて暮らすには

本当に大丈夫？

1年ほど前から障害者雇用の枠で、野菜の仕分けとパック詰めをしています。やっと安定して続けられる仕事につけて、ホッとしています。

本人も自信がついたようで、「次は家を出て自分で生活してみたい」と言います。以前は子どもがたえずトラブルを起こすことに疲れ、はなれられたらどんなに楽かと思っていました。でも、現実に子どもが親元をはなれることを考えると、不安なことだらけです。

A

本人に合った自立をじっくり考えましょう

子どもが自分で生活したいと考えるのは、大きな成長です。本人に合った自立がどのような方法で可能なのか、福祉や行政の専門家から情報を得て、親子で話し合っていけるといいです。

障害のある人が親のもとをはなれて暮らすとき、主に①福祉サービスのグループホーム（共同生活援助）を利用する、②必要な支援を受けながら一般の住居に住む、という選択肢があります。

アドバイス

1 グループホームの利用を考える場合

グループホームを見学して、生活の環境や受けられる援助を確認し、本人の特性や希望に合うところを選びましょう。

2 一般の住居に住むことを考える場合

地域での一人暮らしは、困ったときに助けを求める、火の始末や戸じまり、仕事などの日中活動に出ていって生活のリズムを保つ、近所に迷惑をかけない、といった最低限必要なことを自分でできれば、検討してみてよいと思います。

家事・買い物の手伝いや生活費の管理、看護師等の訪問による服薬管理など、困ったときに連絡すれば必要な対応をしてくれる地域の支援の仕組みを活用しましょう。

ポイント

親からはなれることを焦りすぎる必要はありません

家族の時間をともに過ごせるうちはその時間を大切にすることも重要です。親からもらった充足感があれば、それを財産に、子どもは必ず独り立ちできます。

学齢後

Q59

親なきあと

安心してくらしてほしいです

気持ちが不安定になる時期もありますが、親子ともできることをやって過ごしてこられたと思います。療育や支援学校の親仲間の最近の話題は、親が高齢になって子どもの世話をできなくなったときのことです。親なきあとに備えて何をすればいいのか知りたいです。

A

備えあればうれいなし

親が世話をすることが難しくなれば、子どもはさまざまな支援に頼らなくてはいけません。幸いに日本では、社会とつながりがあれば、必要な助けを得られる体制が整っています。そのつながりを、親が元気なうちにつくっておくことが大切です。親だけで抱え込まず、日頃から情報を得て、悩んだらSOSを出して、子どもに合った支援があれば利用していってほしいと思います。

アドバイス

1 相談できる場を見つけておく

困ったときには、療育手帳や精神障害者保健福祉手帳を持って市役所の○○課へ行く、利用している相談支援事業所に連絡するなどの対応をとれるように、子どもに教えたり周りの人に頼んだりしておけるとよいと思います。

2 前向きな親子関係が子どもを支える

全体として前向きな親子の関係を過ごせた時間が、親なきあとの子どもを支える土台になります。そのためには、親が悩みすぎず、疲れすぎず、必要なサポートを受けて自分自身を大切にすることが、とても重要です。

ポイント

かかわりの中で生きるために

親なきあと、子どもは親以外の人とかかわりながら生きていきます。人を信じ、自分を肯定できる気持ちが子どもの中に育まれていると、自分を支えてくれる人との間に子どもなりによい関係をつくり、さらに相手にも幸せを与える存在になることができます。

恋愛・結婚

応援したいけど、複雑

作業所に入って3年たち、穏やかに過ごしています。ある女性の名前を家でよく話すので、作業所の職員さんに聞いたら、子どもがその女性に好意をもっているようです。子どもが恋愛感情をもつとはこれまで考えたことがなかったので、戸惑っています。親としてはどうしたらいいでしょうか。

A

気持ちを大切にし、異性とかかわるポイントを学んでいきましょう

異性に思いを寄せるのは、ごく自然な感情です。この気持ちを尊重し、異性とかかわることを経験しながら上手にコントロールしていくことが大切です。親として、子どもの恋愛というのは、心配なテーマではありますが、子どもが健やかに育ってきたからこその喜ばしいこととも言えます。大事なのは、隠さず、ふるまい方や行動のとり方を経験を通して学んでいくことです。

アドバイス

1 異性とかかわるポイント

異性とかかわるうえで大切なのは、①相手に自分の特性をしっかりと伝えてわかってもらう、②恋愛におけるルールを知る、③相手を思いやることを忘れない、ということです。これは、障害があってもなくても同じことです。これらの点について、親子で話し合っていきましょう。

2 支援を活用する

近年は、障害のある人の恋愛や結婚を地域で支援する取組みもあります。障害があっても、本人同士が望み、それを支え続ける環境をつくれるのであれば、お互いを大切にできるパートナーと幸せに過ごせるといいですね。

コラム

療育手帳・精神障害者保健福祉手帳

療育手帳とは

知的障害のある人に対して、都道府県や政令指定都市が交付する手帳です。「療育手帳」以外に、自治体によって「愛の手帳」「愛護手帳」「みどりの手帳」などの名称があります。知的障害のある人に一貫した相談支援が行われ、福祉サービスを受けやすくすることを目的としています。

療育手帳の対象になるかどうかの判定は、18歳未満の場合は児童相談所、18歳以上の場合は知的障害者更生相談所で行われます。判定の基準、障害の程度を示す等級の区分、更新の時期は、自治体ごとに定められています。

精神障害者保健福祉手帳とは

精神障害のある人に対して、都道府県や政令指定都市が交付する手帳です。精神障害のある人の自立と社会参加が進むようにすることを目的としています。

対象となる疾患には、統合失調症、躁うつ病などのほか、発達障害も含まれます。障害の程度が重い順に、1級から3級の等級があります。2年ごとに、医師の診断書とともに申請して更新の手続きが必要です。

手帳を取得するメリット

手帳を所持している人は、等級に応じて、障害者控除、公共の交通機関や施設の利用料の減免、障害者枠での就労の対象となるなどの援助や福祉制度の適用を受けられます(受けられる援助は手帳の種類や自治体によって異なります)。なお、知的障害と精神障害の両方がある場合は、両方の手帳を取得することができます。

監修・編集・執筆者紹介

【監修・執筆】中田洋二郎（なかた・ようじろう）……第１章

立正大学心理学部名誉教授。臨床心理士。

専門は発達臨床心理学、発達障害の家族支援で、子どもと家族の心の発達とそれぞれの成長の過程で起きるさまざまな問題（発達障害、不登校、家庭内暴力、非行etc.）の成因と支援について、研究と実践の双方からのアプローチを行っている。

著書は『子どもの障害をどう受容するか―家族支援と援助者の役割―』（大月書店、２００２）、『読んで学べるＡＤＨＤのペアレントトレーニング―むずかしい子にやさしい子育て―』（明石書店、２００２（監修訳））、『軽度発達障害の理解と対応―家族との連携のために―』（大月書店、２００６）、『発達障害のある子と家族の支援―問題解決のために支援者と家族が知っておきたいこと―』（学研プラス、２０１８）など多数。

【編集・執筆】猿渡知子（えんど・ともこ）……第２章、コラム

東京都足立区障がい福祉センター幼児発達支援室心理判定士。臨床発達心理士。

専門は発達障害のある子どもの支援で、就学前の発達の気になる子どもに対して、発達の評価、療育支援、保護者に対する相談支援を行っている。

著書は『発達障碍の理解と対応―心理臨床の視点から―』（金子書房、２００９）、『新プリマーズ 家庭支援論』（ミネルヴァ書房、２０１６）、『生涯発達心理学』（ナカニシヤ出版、２０１９）など（いずれも分担執筆）。

楯 雅博（たて・まさひろ）……第１章（支援の窓）、第２章

社会福祉法人まつど育成会理事、障害者支援施設まつぼっくり施設長、就労継続支援Ｂ型事業所キラナ管理者。

専門は発達障害のある人への支援で、多様な障害特性を示す人に対して、通過型入所施設の強みを活かし、個人のニーズに添った支援を進めている。

【執筆】山村総一郎（やまむら・そういちろう）……第２章（学齢期）

千葉県柏市こども発達センター心理相談員。臨床心理士、特別支援教育士、公認心理師。

専門は教育分野における相談支援。

【執筆協力】山田伸明（やまだ・のぶあき）

社会福祉法人青葉会　療育支援コーディネーター

子どもが発達障害といわれたら

幼児期から大人になるまでのQ＆A70

２０１９年８月30日　発行

監　修：中田洋二郎
編　集：猿渡知子　楯雅博
イラスト：鳴母ほのか
発行者：荘村明彦
発行所：中央法規出版株式会社
〒110-0016　東京都台東区台東3-29-1　中央法規ビル
営　業：TEL 03-3834-5817／FAX 03-3837-8037
書店窓口：TEL 03-3834-5815／FAX 03-3837-8035
編　集：TEL 03-3834-5812／FAX 03-3837-8032
https://www.chuohoki.co.jp/

印刷・製本：株式会社太洋社
ブックデザイン：mg-okada

定価はカバーに表示してあります。
ISBN978-4-8058-5935-3